새 연세한국어 듣기와 읽기 3-1

연세대학교 한국어학당 편

연세대학교 출판문화원

머리말

연세대학교 한국어학당은 1959년에 설립된 한국 최초의 외국어로서의 한국어 교육 기관이다. 연세대학교 한국어학당은 그간의 역사와 명성에 걸맞게 다양한 한국어 교재 편찬 및 관련 연구를 해옴으로써 한국어 교육을 선도해 왔다. 지금까지 전 세계에서 온 약 150여 개국의 17만여 명에 이르는 한국어 학습자에게 한국어와 한국 문화를 가르쳐 왔으며, 최근에는 빠른 속도로 변화해 가는 교육 환경에 맞추어 오프라인 한국어 교육뿐만 아니라 온라인 한국어 교육 콘텐츠 개발에도 노력을 기울이고 있다. 이미 세계 각국의 한국어 학습자를 대상으로 글로벌 온라인 대중 공개 강좌(MOOC)를 개설하여 학습자들로부터 큰 호응을 얻었고 연세대학교 온라인 교육 혁신 플랫폼인 런어스(LearnUs)에도 최신 기술을 활용한 한국어 콘텐츠를 올려서 학습자들을 만나는 중이다.

연세대학교 한국어학당은 그간 일반 목적 한국어 학습자들뿐만 아니라 특수 목적 한국어 학습자들을 대상으로 정규과정, 단기과정, 대학 한국어 과정 등 다양한 교육과정을 개설 운영하면서 학습자의 요구에 부응하는 최상의 교재를 개발해 왔다. 이러한 교재들은 국내외의 한국어 교육 기관에서 교사와 학습자들의 다양한 요구를 충족시키며 양질의 한국어 교수·학습을 위해 널리 사용되고 있다.

연세대학교 한국어학당은 그간 가장 큰 호응을 받아 왔던 '연세한국어' 1급~6급의 뒤를 이을 새로운 교재로 '새 연세한국어' 시리즈를 기획 출간하게 되었다. 이 교재의 개발을 위해 한국어 교육 현장 경험이 풍부한 전문 한국어 교육학자 및 교사들이 대거 투입되었고 최상의 한국어 교수법 및 학습자 집단의 요구에 대한 이해를 바탕으로 개발 작업이 장기간에 걸쳐 수행되었다.

이번에 출간된 '새 연세한국어' 시리즈는 총 6단계로 각 단계마다 어휘와 문법 교재, 말하기와 쓰기 교재, 듣기와 읽기 교재로 구성되어 있다. '새 연세한국어 어휘와 문법'은 한국어 학습자들이 각 숙달도별로 가장 필수적으로 익혀야 하는 주요 어휘와 문법에 대한 이해와 활용을 중심으로 구성되었다. '새 연세한국어 말하기와 쓰기'는 원활한 한국어 의사소통을 위해 꼭 필요한 표현 기능을 수행할 수 있도록 말하기, 쓰기 과제를 중심으로 구성되었다. 또한 '새 연세한국어 듣기와 읽기'는 듣기, 읽기 과제를 중심으로 각 급별 숙달도에 적절한 이해 능력을 함양시킬 수 있도록 구성되었다. 이 세 권의 교재는 어휘·문법, 표현, 이해 능력의 고른 발달을 위해 패키지로 함께 사용될 수도 있고, 교육 현장 여건이나 학습자의 요구에 따라 별도로 사용될 수도 있다. 또한 어휘와 문법 교재의 경우 별도의 지침서가 무료로 제공되므로 교육 경험이 다소 부족한 국내외의 한국어 교사들에게 유용한 길잡이가 될 수 있을 것이다.

연세대학교 한국어학당은 앞으로도 전 세계의 한국어 학습자들의 요구와 기대에 부응하는 교재 개발을 위해 최선을 다할 것이다. 아울러 본 교재가 국내외에서 한국어 교육을 위해 노력을 아끼지 않는 많은 교사와 한국어 학습을 위해 노력하는 모든 학습자들에게 크게 도움이 되기를 바란다.

연세대학교 언어연구교육원

한국어학당 교재편찬위원회

일러두기

01 이 책은 <새 연세한국어 어휘와 문법3>, <새 연세한국어 말하기와 쓰기3>과 함께 한국어 중급 학습자들을 위한 교재이다.

02 이 책은 한국어 중급 학습자들이 한국어로 된 글과 말을 읽거나 듣고 이해할 수 있는 능력을 키우기 위해 구성된 이해 능력 개발 교재이다.

03 이 책은 총 20과이며 각 과는 2개 항으로 구성되어 총 40개 항이 있다. 그리고 2개 과마다 복습을 할 수 있도록 복습 10개 항을 구성했으며 2개 항마다 한국 문화에 대한 소개가 있다. 각 항은 각각 50분 수업 분량으로 이 책은 총 50개 항으로 구성되어 있다.

04 이 책의 각 항은 '제목, 학습 목표, 준비해 봅시다, 읽어 봅시다(들어 봅시다)/들어 봅시다(읽어 봅시다), 정리해 봅시다'의 3단계로 구성되었다. 이해 교재의 모든 항은 듣기와 읽기의 기능이 통합된 형태로 구성되는데, 단원의 내용과 성격에 따라 듣기 활동과 읽기 활동의 내용의 순서를 달리 하였다.

05 각 과의 제목은 <새 연세한국어 어휘와 문법 3>과 동일하나 각 항의 제목은 해당 항의 내용을 대표할 수 있는 개념으로 항의 제목을 설정했다. 또한 제목 옆에 QR코드를 넣어 녹음된 내용을 쉽게 확인할 수 있도록 하였다.

06 학습 목표는 '-을 이해할 수 있다' 또는 ' ~ 관련 내용을 이해할 수 있다'와 같이 이해 기능이 드러나도록 기술했다.

07 '준비해 봅시다'는 각 항의 들어가기에 해당되며 해당 단원의 읽기와 듣기 내용의 이해를 돕기 위한 준비 단계이다. 단원의 주제와 내용에 대한 배경지식을 환기시키는 시각 자료의 제시와 단원 학습 내용과 관련된 필수적인 어휘 학습 및 활동으로 구성된다. 그러나 단순 어휘 학습이 아니라 이해 교재의 특성이 잘 반영될 수 있도록 문장이나 맥락 안에서 사용된 어휘를 접하도록 하여 학습자들의 이해를 돕고자 하였다.

08 '읽어 봅시다'는 중급 단계의 학습 목표에 따라 일상생활에서의 문어 의사소통 능력 향상시키는 데 초점을 두어 실생활에서 접할 수 있는 다양한 자료를 제시하였다. 일상생활뿐만 아니라 사회적 맥락에서 접할 수 있는 다양한 실용문들을 읽고 내용을 파악하도록 하는 유형이 많다.

09 '들어 봅시다'는 구어를 통해 실생활에서 활용가능한 의사소통 능력을 배양할 수 있도록 하였다. 듣기 지문의 경우 짧은 담화 듣기에서 시작하여 긴 담화 듣기로 듣기 단위를 순차적으로 확대하여 제시하였다. 담화는 일상생활 듣기뿐만 아니라 뉴스, 방송, 광고, 캠페인, 토론 등 공식적이고 사회적인 맥락까지 고려하여 제시하였다.

10 '정리해 봅시다'는 학습한 내용을 학습자 스스로 확인 및 점검을 하면서 다른 언어 능력과의 통합 교육을 통해 언어 능력을 강화하고자 설정한 부분이다. 이 부분에서는 학습 내용을 말하기, 듣기, 읽기, 쓰기 활동과 통합될 수 있도록 구성하였다.

11 '복습'은 선행 학습된 2개 과의 어휘와 심화된 주제를 이해할 수 있는 읽기나 듣기 활동으로구성되었다. 각 항에서 배운 내용을 감안하여 듣기와 읽기 중 한 기능에 초점을 두고 다른 한 기능을 연계시켜 통합적인 학습이 가능하도록 유도하였다.

12 '문화'는 복습 항 마지막 부분에 문화 텍스트가 삽화 자료와 함께 제시된다. 문화 항목 중 이해 교재의 특성에 부합하는 내용을 선정하여 정보 문화 중심으로 구성하였다.

13 '부록'에는 읽기 번역과 듣기 지문 및 번역을 함께 실었으며, 정답과 어휘 색인 목록을 제시하였다.

단원구성

과	소단원	학습 목표	문형	문화
1과 소개	<1> 신입생 환영회	안부를 묻고 대답하는 내용을 이해할 수 있다.	-기는요 -을 뿐이다	한국의 뒤풀이 문화
	<2> 신입 사원 인사	신입 사원의 인사와 직장 소개에 대한 내용을 이해할 수 있다.	-기 위해서 -는 편이다	
2과 학교생활	<1> 기숙사 생활	기숙사 신청 방법과 생활 규칙에 대한 내용을 이해할 수 있다.	-으려던 참이었다 -기만 하다	
	<2> 동아리 활동	동아리 가입 방법과 동아리 활동에 대한 내용을 이해할 수 있다.	-어야지요 -어 보이다	
3과 집	<1> 살고 싶은 집	살고 싶은 집의 특징에 대한 내용을 이해할 수 있다.	-는다면 -어서 그런지	한국의 주거 문화
	<2> 부동산 소개소 이용	부동산 직원의 집 소개와 집을 찾는 내용을 이해할 수 있다.	-피동 -어 있다	
4과 일상생활	<1> 이사 하기	이사 준비와 이삿짐센터 이용에 대한 내용을 이해할 수 있다.	-을지 -을지 -어 놓다	
	<2> 쓰레기를 버리는 방법	쓰레기를 버리는 방법에 대한 내용을 이해할 수 있다.	-는대요 아무	
5과 음식과 요리	<1> 식사 예절	한국과 여러 나라의 식사 예절에 대한 내용을 이해할 수 있다.	-었더니 -잖아요	한국의 민간 요법
	<2> 한국 음식 소개	한국 음식 소개와 만드는 방법에 대한 내용을 이해할 수 있다.	-고 나서 -는다면서요?	
6과 병원	<1> 병원 예약하기	병원 예약과 이용 방법에 대한 내용을 이해할 수 있다.	-는데도 -기가 쉽다	
	<2> 진료실 대화	병의 증상과 예방 방법에 대한 내용을 이해할 수 있다.	-을지도 모르다 -으려면	

과	소단원	학습 목표	문형	문화
7과 문화생활	<1> 인터넷 예매하기	인터넷으로 표를 예매하는 방법에 대한 내용을 이해할 수 있다.	-이라든가 -었을 것이다	서울에서 즐길 수 있는 문화 공간
	<2> 공연에 대한 감상	공연을 관람한 후 느끼는 감상에 대한 내용을 이해할 수 있다.	-나 보다 -는다고 생각하다	
8과 생활 습관	<1> 규칙적인 생활 습관	건강을 위한 올바른 생활 습관에 대한 내용을 이해할 수 있다.	-는 대신에 -게 하다	
	<2> 나에게 맞는 운동	다양한 상황에 맞는 운동을 추천하는 내용을 이해할 수 있다.	-으면서도 -던데	
9과 문제와 해결	<1> 유실물 센터	유실물 센터를 이용하는 방법에 대한 내용을 이해할 수 있다.	-고서 -을 뻔하다	알고 있으면 편리한 전화번호
	<2> 수리 센터 이용	문제 상황과 수리 센터 이용에 대한 내용을 이해할 수 있다.	사동 -으니까[2]	
10과 실수와 사과	<1> 실수	다양한 상황의 실수에 대한 내용을 이해할 수 있다.	-는다는 것이 -고 말다	
	<2> 사과하는 방법	사과하는 여러 가지 방법에 대한 내용을 이해할 수 있다.	-거든요 -을까봐	

차례

등장인물 | Main characters

에릭 파커
- 미국
- 한국어학당 학생
- 한국전자 직원

존 카마우
- 케냐
- 한국어학당 학생
- 교환학생

사토 유키
- 일본
- 한국어학당 학생
- 기자

리타오
- 중국
- 한국어학당 학생
- 대학 입학 예정자

노라 한슨
- 노르웨이
- 한국어학당 학생
- 대학원 입학 예정자

최주앙
- 브라질
- 한국어학당 학생
- 대학 휴학생

응웬 흐엉
- 베트남
- 한국어학당 학생

레오 마르탱
- 프랑스
- 한국어학당 학생
- 요리사

올리비아 스미스
- 호주
- 한국어학당 학생
- 외교관

이윤아
- 한국
- 대학생

정하늘
- 한국
- 대학생

김우진
- 한국
- 한국전자 직원

01과 소개

1. 신입생 환영회

MP3 / 01

• 학습 목표: 대학교 행사와 수업 관련 내용을 이해할 수 있다.

I. 준비해 봅시다

1 학교 생활에 빨리 익숙해지려면 어떻게 해야 합니까? 이야기해 봅시다.

2 다음 문자 메시지를 읽고 바뀐 것을 빈 칸에 써 보십시오.

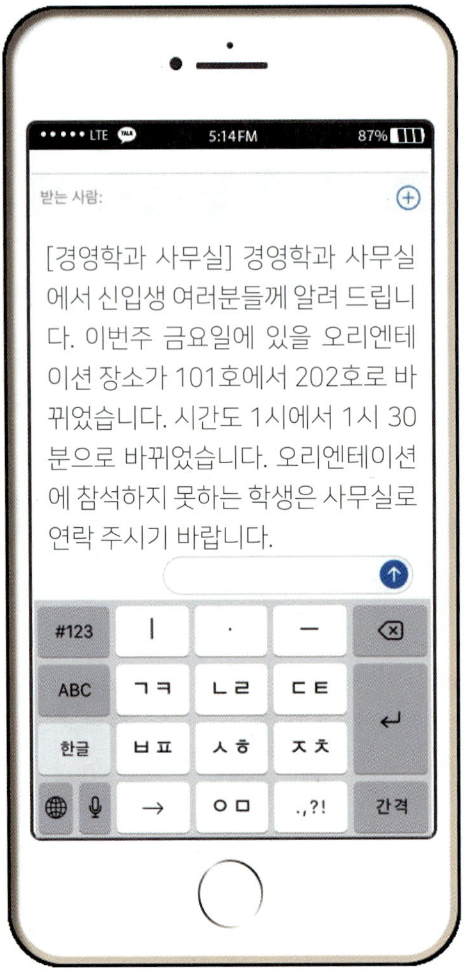

	연락 전	연락 후
장소	101호	
시간		

Ⅱ. 들어 봅시다

1 다음을 듣고 맞는 내용을 연결하십시오.

1) 

2) 

- ❶ 응원을 한다.
- ❷ 동아리 공연과 전시가 있다.
- ❸ 유명 가수들의 공연이 있다.
- ❹ 다른 대학교와 운동 경기를 한다.

2 다음을 듣고 어떤 행사가 있는지 순서대로 쓰십시오.

오리엔테이션	→		→	

학생회 행사 응원 오리엔테이션 정보 학과 게시판 재학생

3 다음을 듣고 질문에 답하십시오.

1) 여자와 대화하는 사람은 누구입니까? (　　)

❶ 대학교 직원　　❷ 대학교 선배　　❸ 대학교 교수　　❹ 대학교 동기

2) 들은 내용과 같은 것을 고르십시오. (　　)

❶ 여자는 운동을 좋아하지 않는다.
❷ 여자는 신청한 과목을 바꾸고 싶어한다.
❸ 학교를 졸업하기 위해서 꼭 들어야 하는 과목이 있다.
❹ 남자가 들었던 수업은 외국인 학생이 듣기 어렵다.

3) 여자가 이번 학기에 신청할 과목을 써 보십시오.

	신청 과목
꼭 들어야 하는 과목	❶
	❷
선택할 수 있는 과목	❸
	❹

III. 정리해 봅시다

여러분이 선배라면 신입생들에게 어떤 말을 해 주고 싶습니까? 다음 단어를 사용해서 친구와 이야기해 봅시다.

꿈	노력하다	전공	동아리	가입하다
학과	동기	선배	회사	교수님

과목　이것저것　학년　필수　글쓰기

01 1과 소개

2. 신입 사원 인사

MP3 / 02

• 학습 목표: 신입 사원의 인사와 직장 소개에 대한 내용을 이해할 수 있다.

Ⅰ. 준비해 봅시다

1 입사 면접 시험에서는 어떤 질문을 할까요? 이야기해 봅시다.

2 다음을 듣고 맞는 내용을 연결하십시오.

① 회사 분위기 •	• ㉠ 모두의 아이디어를 중요하게 생각한다.
	• ㉡ 사원들끼리 이름을 부르지 않는다.
② 이 남자의 성격 •	• ㉢ 사람들과 좋은 관계를 만드는 것이 어렵지 않다.
	• ㉣ 자신의 의견을 잘 말하지 못한다.

면접 성적 실력 뛰어나다 분위기 부서

처음 뵙겠습니다. 신입 사원입니다.

Q 자기 소개 부탁드립니다.

A 안녕하십니까? 신입 사원 김지수입니다.
저는 광고학을 전공했습니다. 대학 때부터 다니고 싶었던 회사에서 일을 하게 되어서 정말 기쁩니다. 아직 회사 일에 익숙해지지는 않았지만 열심히 배우겠습니다.

Q 무슨 일을 하고 있습니까?

A 저는 우리 회사가 만든 게임을 사람들에게 알리는 광고 팀에서 일하고 있습니다. 우리 회사의 게임 중에는 아이들과 부모가 함께 즐길 수 있는 게임이 많습니다. 그렇기 때문에 광고에서도 가족이 모여서 즐거운 시간을 보내는 모습을 보여 주는 것이 중요하다고 생각합니다. 그리고 얼마 전에 제가 '가족 게임 대회'에 대한 아이디어를 내서 곧 준비가 시작될 예정입니다.

Q 회사의 어떤 점이 좋습니까?

A 우리 회사는 좋은 점이 많습니다. 특히 사원들이 스트레스를 많이 받지 않고 일합니다. 우리 회사는 출퇴근 시간을 스스로 결정할 수 있고, 저녁 7시 후에는 자동으로 컴퓨터가 꺼집니다. 회사에서 사원에게 저녁 이후나 주말에 회사 일로 문자 메시지를 보내지 않기 때문에 사원들은 편한 마음으로 개인 생활을 즐길 수 있습니다.

Q 5년 후의 모습은 어떨까요?

A 저는 5년 안에 회사 내 광고 전문가가 되고 싶습니다. 그래서 우리 회사 제품만의 특별한 점을 많은 사람들에게 잘 알리기 위해서 노력하고 싶습니다.

1 이 사람은 회사에서 무슨 일을 합니까? (　　)

① 회사의 제품을 파는 일
② 회사의 제품을 만드는 일
③ 회사의 제품을 고치는 일
④ 회사의 제품을 알리는 일

알리다　자동　꺼지다　개인 생활

2 이 사람에 대한 내용으로 맞는 것을 고르십시오. (   )

① 게임 전문가를 꿈꾸며 입사했다.
② 회사에 들어온 지 오래 되지 않았다.
③ 개인 시간이 없어서 힘들어하고 있다.
④ 대학교 전공과 맞지 않는 일을 하고 있다.

3 이 사람은 어떤 문자 메시지를 받았을까요? 고르십시오. (   )

① 김지수 씨, 벌써 지각을 몇 번이나 한 겁니까? 회사 출근 시간 9시까지인 거 아시죠? 앞으로 시간 좀 지키세요.

② 김지수 씨, 주말인데 정말 미안합니다. 이메일로 서류 하나 보냈는데 너무 급한 일이에요. 오늘 중으로 부탁해요.

③ 지수야, 퇴근 시간 넘었는데 아직도 회사야? 일은 내일 아침에 하고 나하고 저녁 먹자.

④ 지수 씨, 저는 내일 오후 2시에 출근할 건데 지수 씨는 몇 시에 나올 거예요? 오랜만에 우리 동기들끼리 저녁 먹을까 하고요.

I. 정리해 봅시다

여러분이 다니고 싶은 회사는 어떤 회사입니까? 다음 단어를 사용해서 친구와 이야기해 봅시다.

부서　출근　퇴근　회의　회식　휴게실　휴가　월급

회식　휴게실

02과 학교생활

1. 기숙사 생활

MP3 / 03

• 학습 목표: 기숙사 신청 방법과 생활 규칙에 대한 내용을 이해할 수 있다.

Ⅰ. 준비해 봅시다

1 기숙사 생활을 해 본 적이 있습니까? 기숙사 생활의 장점과 단점에 대해서 이야기해 봅시다.

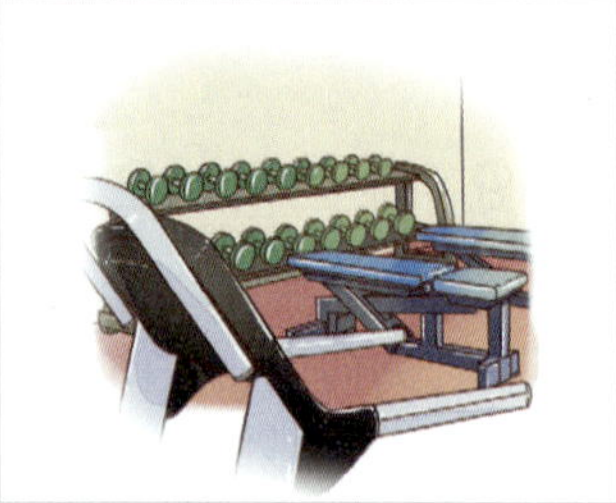

2 기숙사 안내문을 보고 메모를 하십시오.

프롤로그 | 블로그   내 블로그 | 이웃 블로그 | 블로그홈 로그인

한국대학교 기숙사 신청 자격과 방법 알아보기

여러분, 안녕하세요? 요즘처럼 날씨도 덥고 비도 많이 오는 날엔 '아, 기숙사에 살면 좋겠다'라고 생각하지 않으세요? 기숙사에 살고 싶어 하는 여러분들을 위해 기숙사에 들어올 수 있는 자격과 방법을 알려 드리겠습니다.

기숙사 신청을 원하는 학생은 다음의 자격이 있어야 합니다.
첫째, 우리 학교 재학생이어야 합니다.
둘째, 부모님이 서울이 아닌 곳에 사는 학생 또는 외국인 유학생이어야 합니다.
기숙사 신청을 하고 싶으면 기숙사 홈페이지의 안내문을 확인하시기 바랍니다. 신청 기간을 확인하고 꼭 기간 안에 신청해야 합니다. 합격자 결과를 받으면 필요한 서류를 내세요. 그리고 기숙사비를 내면 됩니다.
여러 가지 편리한 시설들을 갖추고 있는 우리 기숙사에서 앞으로도 많은 학생들이 즐겁게 생활할 수 있으면 좋겠습니다.

한국대학교 학생 기자 이현주

MEMO

✔ **신청 자격은?**
- 재학생
- 부모님이 (①)
  또는 (②)

✔ **신청 방법은?**
- 홈페이지 안내문 확인
- (③) 확인
- 합격하면 (④)를 내야 함.
- (⑤)를 내야 함.

자격　갖추다　안내문

II. 들어 봅시다

1 다음을 듣고 기숙사 방에 있는 것에 모두 ✔ 하십시오.

책상 ☐ 침대 ☐ 부엌 ☐ 냉장고 ☐ 세탁기 ☐
샤워실 ☐ 텔레비전 ☐ 책장 ☐

2 다음을 듣고 들은 내용과 같은 것을 고르십시오. (　　)

① 사무실에서 하숙집 정보를 안내해 준다.
② 여자는 기숙사에서 하숙집으로 옮기고 싶어 한다.
③ 홈페이지에서 기숙사에 대한 정보를 찾기가 어렵다.
④ 두 사람은 기숙사 신청 기간이 되기를 기다리고 있다.

3 다음을 듣고 질문에 답하십시오.

1) 중심 내용으로 맞는 것을 고르십시오. (　　)

① 기숙사 생활 규칙　② 기숙사 신청 방법
③ 기숙사 시설 안내　④ 기숙사 행사 안내

2) 어디로 가야 합니까? 맞는 것을 연결하십시오.

① 손님이 방문할 때 •　• ㉠ 건강센터
② 약이 필요할 때 •　• ㉡ 기숙사 사무실
③ 문제가 생겼을 때 •　• ㉢ 기숙사 관리실

궁금하다　의논하다　일정　상담　금지되다　로비　커피포트　다리미　규칙

3) 들은 내용과 같은 것을 고르십시오. (   )

① 청소는 자기가 직접 해야 한다.
② 기숙사에는 언제든지 출입할 수 있다.
③ 기숙사에는 담배를 피울 수 있는 곳이 있다.
④ 방에는 간단한 요리를 할 수 있는 시설이 갖추어져 있다.

III. 정리해 봅시다

기숙사에 어떤 시설이 있으면 좋겠습니까? 친구와 같이 이야기해 봅시다.

학교생활

2. 동아리 활동

MP3 / 04

• 학습 목표: 동아리 가입 방법과 동아리 활동에 대한 내용을 이해할 수 있다

준비해 봅시다

1 동아리 활동을 해 본 적이 있습니까? 이야기해 봅시다.

2 무슨 동아리에 대한 이야기를 하고 있습니까? 고르십시오. (   )

① 

② 

③ 

④ 

가입하다 하나하나

동아리 홈페이지 — 홈 > 학생마당 > 동아리 홈페이지

사랑을 나누는 동아리 '소나기'에서
따뜻한 마음을 가진 당신을 기다리고 있습니다!

동아리 이름인 '소나기'는 '소리 없이 나누는 기쁨'이라는 의미입니다. 우리 동아리는 서울 시내 여러 학교의 대학생들이 모인 동아리로, 공부방에서 초등학교 아이들에게 무료로 공부를 도와줍니다.

우리 동아리는 아이들을 사랑하고 가르치는 일을 좋아하는 사람이라면 누구든지 가입할 수 있습니다. 매월 첫째, 셋째주 월요일과 수요일에는 아이들에게 공부를 가르쳐 줍니다. 보통 수학과 영어를 가르쳐 주는데 놀이를 이용해서 하니까 아이들이 아주 좋아합니다. 그리고 둘째, 넷째주 금요일에는 아이들과 재미있는 놀이나 게임을 하면서 즐거운 시간을 보냅니다.

매달 첫째 토요일은 대학교 운동장에 모여서 아이들과 체육 대회를 합니다. 아이들과 함께 농구와 축구 같은 운동을 하면서 즐거운 시간을 보내고 끝나면 피자 파티를 열기도 합니다.

공부 모임 후에 동아리 회원들끼리 갖는 뒤풀이에서는 동아리 활동에 대한 의견을 나누는 것은 물론이고, 대학 생활의 이런저런 이야기도 나눕니다. 일 년에 두 번, 3월과 9월 마지막 토요일에는 동아리 전체 모임이 있는데 1박 2일로 여행을 가서 즐거운 시간을 보냅니다.

우리 동아리는 30년의 역사만큼 좋은 선배님들이 많이 계시고 선배들과의 만남도 자주 있습니다. 다양한 직업을 갖고 있는 선배들한테서 여러 정보를 얻고 인생의 경험도 배울 수 있습니다.

에어컨, 컴퓨터 등 여러분들에게 필요한 모든 것들이 갖추어져 있는 우리 동아리 방으로 오십시오. 우리 동아리에서 새 친구들도 만나고, 다양한 경험도 하면서 의미 있는 대학 생활을 보낼 수 있습니다.

궁금하신 것은 회장 정하늘(010-1588-0100)에게 문자 주시기 바랍니다. 여러분의 많은 관심 바랍니다!!!

공부방　이용하다　체육 대회　전체　인생

1 이 동아리는 어떤 동아리입니까? (　　)

① 다른 사람을 도와주는 동아리
② 전공 수업을 함께 공부하는 동아리
③ 다양한 직업을 경험해 보는 동아리
④ 체육 전공 학생들이 함께 운동하는 동아리

2 이 동아리에 대한 설명으로 맞는 것을 고르십시오. (　　)

① 동아리 이름에는 특별한 뜻이 있다.
② 생긴 지 얼마 안돼서 선배가 많지 않다.
③ 동아리에서는 1년에 두 번 아이들과 여행을 간다.
④ 수학이나 영어 전공자만 동아리에 가입할 수 있다.

3 동아리 활동을 달력에 메모해 봅시다.

9월

일	월	화	수	목	금	토
		1	2 공부	3	4	5
6	7	8	9	10	11	12
13	14	15	16	17	18	19
20	21	22	23	24	25	26
27	28	29	30	31		

I. 정리해 봅시다

다음 동아리에서는 어떤 활동을 할까요? 재미있고 특별한 동아리가 있으면 소개해 봅시다.

파티 동아리　　치킨 동아리　　마술 동아리　　로봇 동아리

복습

1 다음을 읽고 질문에 답하십시오.

학교를 다니지 않아도 공부할 수 있어요

공부는 무엇이라고 생각하십니까? 공부는 꼭 학교에서 해야 하는 것일까요? 무엇을 공부해야 진짜 나에게 도움이 되는 공부일까요? 학교를 한 번도 다녀본 적이 없는 김진영(20)씨는 이렇게 대답합니다. "스스로 질문하고 대답하는 것, 그것이 진짜 공부가 아닐까요?"

'사람을 말한다'에서 오늘 소개할 분은 올해 스무 살이 된 김진영 씨입니다. 학교를 다녀본 적이 없는 김진영 씨는 영어와 프랑스어를 할 수 있고, 바이올린 하나를 들고 전 세계를 여행하기도 했습니다. 진영 씨는 세계를 학교라고 생각하고 보고 듣는 모든 경험에서 배움을 얻습니다.

김진영 씨는 하루도 학교에 다니지 않았지만 학교를 다닌 보통 학생들보다 더 많은 것을 보고 듣고 느끼려고 노력합니다. 진영 씨 뒤에는 진영 씨를 믿고 기다려 주신 부모님이 계십니다. 처음에는 부모님이 집에서 직접 김진영 씨를 가르쳤지만, 김진영 씨는 여덟 살부터 혼자서 공부를 하기 시작했고 열다섯 살에는 글쓰기를, 열일곱 살에는 혼자서 유럽 여행을, 스무 살이 된 올해에는 책을 써서 '북 콘서트'를 하게 되었습니다.

진영 씨는 천재도 아니고 집이 잘사는 것도 아닙니다. 책 속에서, 여행에서, 그리고 세상이라는 학교에서 만난 수많은 사람들을 선생님이라고 생각하고 열심히 노력한 결과가 지금의 김진영 씨를 만들었습니다.

'북 콘서트'에서 김진영 씨는 직접 쓴 '진짜 학교'라는 책의 이야기를 하려고 합니다. 책을 읽은 사람들과 함께 진짜 공부를 위해 보낸 시간과 경험에 대한 이야기를 나누며 좋은 시간을 보내려고 하는 것입니다.

여러분에게 진짜 공부는 무엇입니까? 이제 우리도 진짜 공부는 무엇인지 한 번 깊이 생각해 보았으면 합니다.

진짜 배움 천재 잘살다 깊이

1. **김진영 씨와 관계있는 것을 고르십시오. (　　)**
   ① 보고 듣는 모든 경험을 배움으로 생각한다.
   ② 아이들은 학교에 다닐 필요가 없다고 생각한다.
   ③ 부모님이 스무 살까지 직접 공부를 가르쳐 주셨다.
   ④ '진짜 학교'는 김진영 씨의 학교생활에 대한 이야기이다.

2. **여러분은 김진영 씨의 인생에 대해 어떻게 생각합니까?**
   여러분이 알고 있는 특별한 인생 경험을 한 사람에 대해 이야기해 봅시다.

문화

한국의 뒤풀이 문화

일이나 모임이 끝나고 헤어지기 아쉬울 때 여러분은 어떻게 하십니까? 한국에서는 그럴 때 보통 뒤풀이를 합니다. 신입생 오리엔테이션이 끝났을 때, 회사에서 사람들과 같이 하던 일을 끝냈을 때, 졸업식이나 입학식 날 사람들은 함께 모여서 그동안 밀린 이야기를 하면서 즐거운 시간을 보냅니다. 뒤풀이를 할 때 음식과 함께 술을 마실 때도 많습니다. 요즘에는 노래방이나 게임방에 가거나 영화나 공연을 보면서 스트레스를 풀기도 하는 등 다양한 방법으로 뒤풀이를 합니다.

여러분도 친구들과 같이 발표 준비를 하거나 모임을 한 후에 뒤풀이를 하러 가자고 이야기해 보세요. 뒤풀이에 가서 여러 가지 이야기를 나누면서 친구들과 더욱 더 친해질 수 있을 겁니다.

1. **한국 사람들은 뒤풀이를 언제 어떻게 합니까?**
2. **여러분의 나라에도 뒤풀이가 있습니까? 이야기해 봅시다.**

03과 집

1. 살고 싶은 집

MP3 / 05

• 학습 목표: 살고 싶은 집의 특징에 대한 내용을 이해할 수 있다.

Ⅰ. 준비해 봅시다

1 여러분은 어떤 집에서 살고 싶습니까? 이야기해 봅시다.

2 다음을 듣고 남자와 여자가 살고 싶어 하는 집을 연결하십시오.

1)  •

2)  •

① 2층이 있다.

② 관리가 쉽다.

③ 정원이 있다.

④ 높은 층이 좋다.

⑤ 수영장이 있다.

⑥ 개를 키울 수 있다.

II. 읽어 봅시다

"한옥의 아름다움이 좋아서 한옥에 살게 되었어요. 한옥의 사계절은 정말 아름답습니다."

한국에 산 지 7년째인 미국인 제임스 브라운(38세)은 어떻게 한옥에 살게 되었냐는 기자의 질문에 이렇게 대답했다.

"처음에는 한옥에 살 생각이 없었어요. 그런데 어느 날 친구 집에 초대 받았는데 그 집이 한옥이었어요. 한옥은 서양 집과는 많이 달랐는데 저는 그 느낌이 너무 좋았어요."

그 이후 제임스 브라운은 한옥으로 이사했고, 공사를 해서 부엌과 욕실을 최신식으로 바꿨다.

"한옥으로 이사한 후에 집들이를 했는데, 친구들이 집에 와 보니까 한옥이 생각보다 멋있고 편리하다고 했어요. 한옥은 옛날 집이라는 생각이 있어서 살기에는 불편할 거라고 생각한 것 같아요. 그리고 계절을 느낄 수 있는 정원이 정말 아름답다고도 했어요."

한옥의 장점을 한 가지만 이야기해 달라는 기자의 질문에 제임스 브라운은 잠시 생각을 하고 대답했다.

"한옥의 장점은 너무 많은데 저는 특히 마루가 좋아요. 마루로 만든 바닥이 시원해서 여름에 에어컨을 켤 필요가 없어요. 그리고 정원도 참 좋아요. 마루에 앉아서 정원을 바라보면 사계절이 그대로 느껴지면서 마치 숲 속에 있는 것 같아요. 비가 오거나 눈이 올 때의 분위기도 좋고요."

한국인보다 한옥의 장점을 잘 아는 제임스 브라운. 마지막 말은 한국인인 기자에게도 기억에 남았다.

"한옥에 사는 것은 힘들지도 않고 불편하지도 않아요. 저는 한옥에 살면서 더 한옥을 사랑하게 되었는데, 저처럼 한국 분들도 한옥을 사랑해 주시고 한옥에서 더 많이 사셨으면 좋겠습니다."

짜 공사 최신식 느끼다 장점 마루 바라보다 마지막

1 이 글은 어떤 글입니까? (   )

① 감상문 ② 기행문 ③ 광고 글 ④ 잡지 인터뷰

2 이 글의 제목으로 가장 어울리는 것을 고르십시오. (   )

① 사라져가는 한옥
② 살고 싶은 집, 한옥
③ 한옥, 이대로 괜찮을까?
④ 한옥, 나도 지을 수 있다.

3 제임스가 생각하는 한옥의 특징과 관계가 없는 것은 무엇입니까? (   )

① 여름에 살기 좋다.
② 사계절을 느낄 수 있다.
③ 비가 오면 분위기가 좋다.
④ 겨울에 춥지 않아서 좋다.

4 글의 내용과 같은 것을 고르십시오. (   )

① 제임스는 처음부터 한옥에서 살고 싶어 했다.
② 제임스는 한옥에 살면서 한옥을 더 좋아하게 됐다.
③ 사람들은 제임스에게 한옥에서 사는 것을 추천했다.
④ 사람들은 한국인은 한옥에서 사는 것이 좋다고 생각한다.

Ⅲ. 정리해 봅시다

한옥에서 지내본 적이 있습니까? 여러분이 가 본 한옥에 대해서 친구와 이야기해 봅시다.

감상문 기행문 특징

03과

집

2. 부동산 소개소 이용

MP3 / 06

• 학습 목표: 부동산 직원의 집 소개와 집을 찾는 내용을 이해할 수 있다.

Ⅰ. 준비해 봅시다

1 여러분은 방이나 집을 어떻게 구합니까? 이야기해 보십시오.

2 광고를 보고 이 사람에게 소개해 주고 싶은 집을 고르십시오. (   )

① 제일 원룸
- 한국대학교에서 걸어서 5분 거리
- 큰 방 있음
- 월세 75만 원
- 근처에 지하철역과 버스 정류장 있음

② 신촌 오피스텔
- 새 건물
- 한국대학교까지 버스로 5분 거리
- 작은 방 두개
- 월세 100만 원
- 바로 들어올 수 있음

③ 최고 고시원
- 한국대학교에서 걸어서 10분 거리
- 지하철역에서 5분 거리
- 개인 샤워실, 화장실 있음
- 월세 50만 원

저는 한국대학교에 다니는 학생입니다. 저는 지금 집을 찾고 있습니다. 교통이 편리하고, 방이 조금 컸으면 좋겠습니다. 건물이 좀 오래되거나 방값이 조금 비싸도 괜찮습니다. 하지만 무엇보다 학교에서 걸어 다닐 수 있으면 좋겠습니다.

오래되다

Ⅱ. 들어 봅시다

1 다음을 듣고 들은 내용과 같은 것을 고르십시오. (　　)

① 두 사람은 10분 후에 출발할 것이다.
② 남자는 여자와 오피스텔을 보러 갈 것이다.
③ 여자가 소개한 집은 지금 아무도 살지 않는다.
④ 남자는 가족이 많아서 큰 아파트에서 살고 싶어 한다.

2 여자는 무엇을 하겠습니까? 고르십시오. (　　)

① 남자와 같이 집을 계약하러 갈 것이다.
② 남자와 같이 부동산 소개소에 갈 것이다.
③ 남자에게 이사를 도와 달라고 할 것이다.
④ 남자에게 인터넷 부동산 소개 사이트를 찾아줄 것이다.

3 다음을 듣고 질문에 답하십시오.

1) 남자가 여자에게 말하지 않은 것은 무엇입니까? 고르십시오. (　　,　　,　　)

① 시설　② 방향　③ 위치　④ 교통　⑤ 집값　⑥ 계약 방법

2) 들은 내용과 같은 것을 고르십시오. (　　)

① 여자는 이번 달에 이사하기를 원한다.
② 실제로 본 집이 사진으로 봤을 때보다 좋다.
③ 남자는 여자에게 여러 집을 비교해 보라고 권했다.
④ 필요한 가전제품과 가구는 이사할 때 가지고 와야 한다.

남향　햇빛　냉방　난방　통하다　가능하다　당장

3) 집을 계약하기 위해서 여자는 무엇을 해야 합니까? 쓰십시오.

해야 할 일	필요한 것
① ( ) 쓰기 ② ( ) 내기	계약금 ③ ④

II. 정리해 봅시다

여러분은 집을 구할 때 무엇을 중요하게 생각합니까? 이야기해 봅시다.

04과 일상생활

1. 이사하기

MP3 / 07

• 학습 목표: 이사 준비와 이삿짐 센터 이용에 대한 내용을 이해할 수 있다.

Ⅰ. 준비해 봅시다

1 이사해 본 적이 있습니까? 이사할 때 무엇이 어려웠는지 이야기해 보십시오.

2 다음 글의 적당한 제목을 고르십시오. (　　　)

Q&A

01

Q 이삿짐 센터에 예약할 때 내는 돈은 얼마인가요?
A 전체 이사 비용의 10%를 먼저 내야 합니다.

02

Q 이사할 때 이삿짐 센터 직원들의 점심은 어떻게 해야 하나요?
A 이사 비용 안에 식사 비용이 들어 있기 때문에 따로 준비하지 않으셔도 됩니다.

03

Q 이사할 때 옆에 있어야 할까요?
A 옆에 계시는 것이 좋습니다. 물건의 위치를 결정할 때 집주인이 옆에 계시면 도움이 많이 됩니다.

① 싸게 이사하는 방법
② 좋은 이삿짐 센터를 찾는 방법
③ 사람들이 원하는 이사 서비스
④ 이사할 때 알아 놓으면 좋은 것

이사하다　이삿짐 센터

II. 들어 봅시다

1 책상과 큰 화분은 어디에 놓았습니까? 고르십시오.

1) 책상 : (   )

2) 큰 화분 : (   )

2 다음을 듣고 들은 내용과 같은 것을 고르십시오. (   )

① 여자는 옷을 버리고 가기로 했다.
② 여자는 이번 주말에 이사할 것이다.
③ 여자는 옷장을 새로 사고 싶어 한다.
④ 여자는 지금보다 좁은 방으로 이사할 것이다.

3 대화를 듣고 질문에 대답하십시오.

1) 남자가 포장 이사를 하지 않은 이유를 고르십시오. (   )

① 짐이 많지 않아서
② 비용이 많이 들어서
③ 미리 짐을 옮겨 놓아서
④ 친구들이 도와주기로 해서

포장 이사 짐 싸다 챙기다 비용 들다

2) 남자와 여자는 무엇을 하겠습니까? 연결하십시오.

1)  •

2)  •

① 이삿짐을 싼다.

② 자동차를 빌려 준다.

③ 강아지를 데리러 간다.

④ 이사 갈 집을 청소한다.

3) 남자는 이사하는 날 무엇을 하려고 합니까? 고르십시오. (,   )

① 가스 요금을 낸다.
② 살던 집을 정리한다.
③ 짐을 옮긴 후에 여기저기 청소한다.
④ 이사할 집으로 인터넷 서비스를 옮겨 놓는다.

Ⅲ. 정리해 봅시다

여러분 나라는 한국과 이사 문화가 어떻게 다릅니까? 이야기해 봅시다.

이사하는 방법　　이사 날짜 정하기　　이사 선물

4과 일상생활

2. 쓰레기를 버리는 방법

MP3 / 08

• 학습 목표: 쓰레기를 버리는 방법에 대한 내용을 이해할 수 있다.

준비해 봅시다

1 여러분은 한국에서 쓰레기를 어떻게 버립니까? 이야기해 보십시오.

2 대화를 듣고 쓰레기를 버릴 수 있는 요일에 ✔표시하고, 시간을 쓰십시오.

	월	화	수	목	금	토	일	시간
일반 쓰레기								
음식물 쓰레기								
재활용 쓰레기								

재활용 쓰레기

Ⅱ. 읽어 봅시다

저는 러시아에서 온 안나라고 합니다. 한국에 온 지 2년 됐는데 지금은 맛있는 사과로 유명한 대구에서 살고 있습니다.

저는 어렸을 때부터 한국 드라마를 많이 봤습니다. 한국 드라마에 나오는 남자들은 모두 멋진 왕자님처럼 잘생겼습니다. 그리고 어려운 환경에서 살고 있는 예쁜 여자를 도와주고 사랑도 하게 됩니다. 이런 드라마를 보면서 저는 행복한 한국 생활을 꿈꾸었습니다.

저는 러시아에 유학을 온 지금의 남편을 만나서 재작년에 결혼하자마자 한국으로 왔습니다. 남편은 드라마에 나오는 남자들처럼 잘생기지는 않았지만 미소가 참 환하고 따뜻합니다.

제가 한국말을 잘 못하기 때문에 한국 생활이 힘들기도 하지만 고향과 다른 문화 때문에 힘들 때가 더 많습니다. 처음에는 쓰레기를 버리는 것도 쉽지 않았습니다. 쓰레기를 버리는 요일도 잘 몰랐고, 일반 쓰레기 종량제 봉투에 과일 껍질을 넣고 버려서 벌금을 낸 적도 있습니다. 재활용 쓰레기를 다른 통에 잘못 넣기도 했습니다. 어느 날 그런 저를 보신 한 아주머니께서 제가 가져온 쓰레기를 하나하나 통에 넣으면서 알려주셨습니다. 아주머니 덕분에 그 후부터는 음식물 쓰레기와 일반 쓰레기, 재활용 쓰레기를 익숙하게 잘 버리게 되었습니다.

하지만 최근에 다른 동네의 아파트로 이사를 와서 저는 또 실수를 했습니다. 이곳에서는 전에 살던 곳과 쓰레기를 버리는 요일이 다르고, 음식 쓰레기도 봉투에 넣어서 버리지 않고 음식물 쓰레기통에 버리기 때문입니다. 관리 아저씨께서는 쓰레기를 버리는 내용의 안내문을 주시면서 친절하게 설명해 주셨습니다.

저는 날마다 새로운 것을 배웁니다. 하지만 그것은 스트레스가 아니고 즐거움입니다. 한국말 실력이 느는 것처럼 한국 생활의 지식도 늘기 때문입니다. 저처럼 고향을 떠나 한국에서 생활하고 있는 모든 외국 친구들에게 말하고 싶습니다. 새로운 것이 좋아서 선택한 생활이니까 즐거운 마음으로 지냅시다.

왕자　환경　버리다　일반 쓰레기　종량제 봉투　껍질　벌금　덕분에

1 이 글은 어떤 이야기입니까? (　　)

① 한국과 고향의 쓰레기 버리는 방법을 비교하고 있다.
② 한국 생활을 하면서 경험한 것에 대해서 이야기하고 있다.
③ 한국 드라마 내용과 한국 생활의 다른 점을 보여 주고 있다.
④ 한국에서 쓰레기 때문에 생기는 문제에 대해 설명하고 있다.

2 이 사람에 대한 설명으로 맞는 것을 고르십시오. (　　)

① 한국 생활에 스트레스를 받고 있다.
② 앞으로의 한국 생활을 걱정하고 있다.
③ 한국에서의 유학 생활을 꿈꾸고 있다.
④ 한국 생활에 적응하려고 노력하고 있다.

3 글의 내용과 다른 것을 고르십시오. (　　)

① 쓰레기를 잘못 버리면 벌금을 낼 수 있다.
② 동네가 다르면 쓰레기를 버리는 방법이 다를 수 있다.
③ 이 사람은 한국에서 알게 된 남자와 러시아에서 결혼했다.
④ 이 사람은 한국말보다 한국 문화를 몰라서 더 힘들어한다.

정리해 봅시다

다른 나라에서는 쓰레기를 어떻게 버립니까? 친구들의 이야기를 듣고 정리해 봅시다.

나라 / 쓰레기		

복습

1 다음을 읽고 질문에 답하십시오.

'아름다운 가게'를 아십니까? 이 가게는 이미 사용했던 물건을 버리지 않고 다시 사용하면서 자연환경을 깨끗하게 만들려는 사람들이 모여서 만든 가게입니다. 이 가게는 사람들한테서 받은 물건을 팔아서 생긴 돈으로 생활이 어려운 사람들을 돕는 영국의 '옥스팜(Oxfam)'이라는 모임을 보고 만들었습니다.

이 가게에서는 사람들이 사용했던 물건을 받아 수선해서 가게에서 다시 파는 일을 하고 있습니다. 그 돈으로 '아름다운 토요일', '아름다운 아파트', '아름다운 나눔학교', '움직이는 가게' 등과 같은 재사용과 나눔 문화를 알리기 위한 시민 운동을 하고 있습니다. 또 매월 한 번씩 서울시와 함께 '아름다운 나눔 장터'를 준비합니다.

사람들은 보통 다른 사람들이 사용했던 물건들은 깨끗하지 않고 유행이 너무 지났거나 문제가 있을 거라고 생각합니다. 하지만 아름다운 가게에 직접 가보면 생각이 달라집니다. '나는 사용하지 않지만 다른 사람들에게는 필요할지 모른다, 다른 사람들이 사용해 줬으면 좋겠다.'라는 마음에서 모인 많은 물건들이 그것이 꼭 필요한 사람들에게 다시 팔려서 새 인생을 살게 됩니다. 많은 사람들이 아름다운 가게에 와서 필요한 물건을 싸게 사고 즐거워하면서 집으로 돌아갑니다.

아름다운 가게에 물건을 보낸 사람들 역시 자신이 준 물건이 다른 사람의 기쁨이 되는 것을 생각하면 행복하다고 합니다. 여러분도 지금 옷장에서 잠자고 있는 옷과 가방, 다시는 읽지 않을 것 같은 책들, 언제 샀는지 기억도 나지 않는 물건들을 찾아서 상자에 넣어 보세요. 전화 한 통이면 아름다운 재단에서 여러분의 물건을 가지러 달려올 겁니다.

오늘 여러분도 아름다운 가게에 물건을 보내고 아름다운 사람이 되어 보지 않겠습니까?

1. '아름다운 가게'에서는 무엇을 합니까? 간단하게 써 보십시오.

수선하다 재사용 시민 장터 팔리다 자신

2. 아름다운 가게에 대한 설명으로 맞는 것을 고르십시오. (　　)

① 이곳에서는 필요한 물건을 싸게 살 수 있다.

② 이곳에 가면 요즘 유행하는 패션을 알 수 있다.

③ 이곳에서는 한 번도 사용하지 않은 물건을 판다.

④ 이곳에 물건을 보내려면 직접 물건을 가지고 가야 한다.

3. 여러분 나라에도 '아름다운 가게'와 같은 곳이 있습니까? 소개해 보십시오.

문화

한국의 주거 문화

서울의 한가운데를 지나는 한강 주변에는 아파트가 많습니다. 그런데 아파트들을 잘 살펴보면 집의 정면이 모두 남쪽입니다. 한국 사람들은 남향집을 좋아합니다. 집 정면의 창문이 남쪽으로 나 있는 남향집은 여름에는 해가 짧게 들어와 덥지 않고 겨울에는 해가 길게 들어와 춥지 않기 때문입니다. 그리고 한국에서는 집을 지을 때 배산임수(背山臨水)인 곳에 지어야 좋다고 했습니다. 배산임수(背山臨水)란 집을 지을 때 뒤에는 산이나 언덕이 있고, 앞에는 강 같은 물이 있어야 한다는 것입니다. 또한 북쪽에 산을 두고 남쪽에 강을 두면 겨울에 북서풍이 부는 것을 막고 여름에 남동풍을 집 안으로 들어오게 할 수 있기 때문에 좋습니다. 이를 위해서는 남쪽에 창문을 내는 것이 좋았지요.

여러분도 지금 살고 있는 집의 창문 방향을 확인해 보세요. 남향입니까?

1. 한국 사람들은 왜 남향집을 좋아합니까?
2. 여러분 나라에서는 어느 방향의 집을 좋아합니까? 이야기해 봅시다.

05과 음식과 요리

1. 식사 예절

MP3 / 09

• 학습 목표: 한국과 여러 나라의 식사 예절에 대한 내용을 이해할 수 있다.

Ⅰ. 준비해 봅시다

1 여러분이 아는 식사 예절에 대해서 이야기해 봅시다.

2 다음 중에서 한국의 식사 예절을 고르십시오. (,   )

나라별 식사 예절

① 그릇을 들고 먹어야 한다.
② 음식을 조금 남기는 것이 좋다.
③ 포크는 왼쪽, 나이프는 오른쪽에 놓는다.
④ 한 손으로 수저를 같이 들고 먹지 않는다.
⑤ 밥을 먹을 때 두 손 모두 식탁 위에 올려놓아야 한다.
⑥ 윗사람이 식사를 마치고 일어나기 전에 먼저 일어나지 않는다.

II. 들어 봅시다

1 이 사람은 왜 당황했습니까? 고르십시오. (　　)

① 친구가 갑자기 집에 찾아와서
② 친구 어머니께서 소화제를 주셔서
③ 한국사람 집에 가는 것이 처음이어서
④ 친구 어머니께서 음식을 계속 먹으라고 하셔서

2 다음을 듣고 들은 내용과 같은 것을 고르십시오. (　　)

① 남자는 친구에게 실수를 했다.
② 남자는 한국의 식사 예절에 익숙하지 않다.
③ 남자는 이전에도 한국 사람 집에 간 적이 있다.
④ 남자는 친구의 아버지보다 식사를 먼저 끝냈다.

3 다음 이야기를 듣고 질문에 답하십시오.

1) 두 사람은 무엇에 대한 이야기를 하고 있습니까? (　　)

① 나라마다 다른 요리 방법
② 나라마다 다른 인사 방법
③ 나라마다 다른 방문 예절
④ 나라마다 다른 식사 문화

2) 이야기를 듣고 각 나라의 식사 예절을 쓰십시오.

인도	
한국	
일본	

잔뜩　권하다　당황스럽다

3) 인도 사람들은 왜 손으로 식사합니까? 듣고 빈 칸을 채우십시오.

인도 사람들은 손으로 음식을 먹으면 (   )이나/나 포크 같은 것이 음식을 더럽히지 않는다고 생각한다. 또 손으로 음식을 만지니까 (   )이/가 더 잘 된다고 생각하는데 이것은 우리의 머리가 (   )는다는/ㄴ다는/다는 것을 느끼기 때문이다.

Ⅲ. 정리해 봅시다

한국의 식사 예절과 여러분 나라의 식사 예절은 어떻게 다른지 친구와 이야기해 보십시오.

05과 음식과 요리

2. 한국 음식 소개

MP3 / 10

• 학습 목표: 한국 음식 소개와 만드는 방법에 대한 내용을 이해할 수 있다.

I. 준비해 봅시다

1 여러분은 어떤 한국 음식을 먹어 봤습니까? 이야기해 보십시오.

< 수박 냉면 >

< 와플 김밥 >

< 진달래 떡 >

2 다음을 듣고 빈 칸에 쓰십시오.

1) 음식 이름	
2) 음식 안에 들어 있는 것	______, ______, ______, ______
3) 음식과 관련 있는 재미있는 말	" ______ 같다."
4) 그 말의 뜻	
5) 이 음식을 그려 봅시다.	

와플 진달래

떡국 두 그릇 먹으면 두 살 더 먹나요?

한국 최고의 명절은 설날이다. 설날 아침에는 온 가족이 모여 차례를 지내고 어른들에게 세배를 한다. 일 년 동안 좋은 일이 일어나기를 바라면서 만나는 사람들에게 '새해 복 많이 받으세요.'라고 인사한다. 이 날 사람들은 함께 재미있는 놀이도 하고 맛있는 음식도 먹는다. 설날에 한국 사람들은 특별한 음식을 먹는데 그것이 바로 떡국이다.

떡국은 길고 굵은 흰 떡을 얇게 썰어서 고기 국물에 넣고 끓인 음식이다. 옛날 사람들이 설날에 떡국을 먹은 이유는 여러 가지가 있다. 첫째, 새해의 첫 날은 모든 것을 새롭게 시작하는 날이다. 옛날 사람들은 한 해의 첫날에 몸과 마음을 깨끗하게 하기 위해서 맑은 국물에 흰 떡을 넣어서 먹었다고 한다. 둘째, 옛날에 궁에서 먹은 떡국의 떡은 요즘 떡국에 넣는 떡의 모양과 다르게 동그란 모양이었다고 한다. 이것은 밝고 하얀 태양을 의미하는데 새해에 밝고 좋은 일이 생기기를 바라는 마음이 담겨 있다고 한다. 셋째, 떡국에 넣는 떡은 긴 흰 떡을 얇게 썬 것인데 떡국에 넣는 긴 떡과 같이 오래 살기를 바라는 마음에서 떡국을 먹었다고 한다.

요즘은 떡국을 끓일 때 보통 소고기를 넣지만 옛날에는 떡국에 꿩고기를 넣어서 끓이는 집도 있었다. 꿩고기는 아주 맛있지만 값이 비싸고 사기도 어려웠다. 그래서 꿩고기보다는 맛이 없지만 값이 싸고 주변에서 쉽게 찾을 수 있는 닭고기를 떡국에 넣었다. 그래서 '꿩 대신 닭'이라는 재미있는 말도 생겼다. 이 말은 원하는 것이 없기 때문에 어쩔 수 없이 아주 마음에 들지는 않지만 비슷한 것으로 대신할 때 자주 쓰인다.

한국에서는 새로운 한 해가 시작되면 나이를 한 살 더 먹기 때문에 설날에 떡국을 먹는다는 것은 나이를 한 살 더 먹는다는 것을 의미하기도 한다. 하지만 하루에 떡국을 세 그릇 먹었기 때문에 나이가 세 살 많아지지는 않는다. 끓이기도 쉽고 영양도 풍부한 떡국. 떡국은 앞으로도 한국 사람들의 설날과 함께할 음식이다.

온　차례를 지내다　새해　복　굵다　동그랗다　태양　바라다　꿩고기　대신

1 이 글에서 알 수 없는 것은 무엇입니까? 고르십시오. (   )

① 떡국에 넣는 재료
② 떡국과 나이의 관계
③ 떡국 때문에 생긴 말
④ 떡국을 맛있게 만드는 방법

2 설날에 떡국을 먹는 이유가 아닌 것을 고르십시오. (   )

① 오래 살고 싶어서
② 좋은 일이 생기기를 원해서
③ 설날의 문화를 지키기 위해서
④ 깨끗한 몸과 마음으로 새해를 시작하고 싶어서

3 '꿩 대신 닭'이라는 말을 쓸 수 있는 상황을 고르십시오. (,)

① 밥이 없어서 라면을 끓여 먹었다.
② 수학을 전공해서 돈 계산을 쉽게 한다.
③ 해외여행을 가고 싶은데 돈이 없어서 국내 여행을 갔다.
④ 점심으로 떡볶이를 먹고 커피를 마셨는데 커피 값이 더 비쌌다.

Ⅲ. 정리해 봅시다

여러분 나라의 명절 음식을 소개해 보십시오.

06과 병원

1. 병원 예약하기

MP3 / 11

• 학습 목표: 병원 예약과 이용 방법에 대한 내용을 이해할 수 있다.

Ⅰ. 준비해 봅시다

1 유학 생활을 하면서 병원에 가 본 적이 있습니까? 이야기해 봅시다.

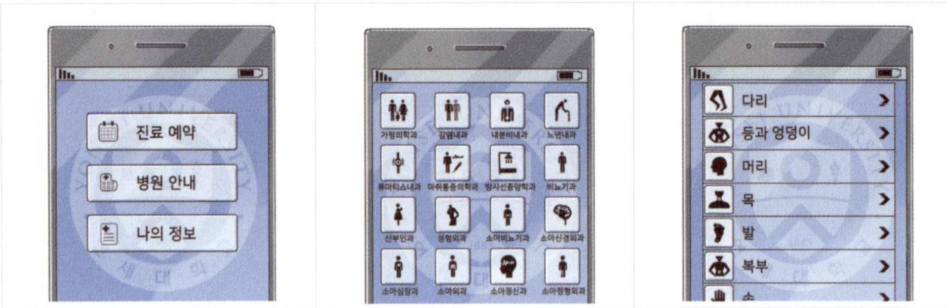

2 예약을 하려고 병원에 전화를 했습니다. 안내를 듣고 빈 칸에 쓰십시오.

예약 및 확인 + | 진료 및 검사 + | 병원 안내 + | 건강/질환 정보 +

전화 예약	전화 통화 예약 시간	예약과 상담	1번
		______	2번
방문 예약	평 일 08:00-18:30 토요일 08:00-13:00	______	3번
		______	4번
인터넷 예약		전화번호 안내	___번

II. 읽어 봅시다

병원소개 > 진료안내 >

이용 안내

- ▶ 진료를 받으실 분은 먼저 번호표를 뽑은 후 순서가 되면 접수시키십시오.
- ▶ 진료 카드를 받으신 후 진료실로 이동하십시오.
- ▶ 처음 진료를 받으시는 분은 진료 전에 문진표를 읽고 자신의 상태를 쓰십시오.
- ▶ 진료실에 도착하시면 간호사에게 진료 카드를 내시고 체중과 체온을 재십시오.
- ▶ 진료를 받으신 후 처방전을 받고 수납하는 곳에서 돈을 내십시오. 다음 진료 예약을 하실 수 있습니다.
- ▶ 처방전을 가지고 근처 약국에 가시면 약을 살 수 있습니다.

예약 방법

전화 예약

❶ 전화 예약 이용 시간은 평일 오전 8시부터 오후 6시 30분까지입니다. 토요일은 오후 1시까지입니다.

❷ 주민 등록 번호나 진료 카드 번호를 누르십시오.

❸ 진료 상담 후 원하는 진료 시간을 예약하십시오.

❹ 예약한 날 20분 전에 병원에 오셔서 접수 시킨 후 진료를 받으시기 바랍니다.

방문 예약

❶ 수납하는 곳에 오셔서 진료를 신청하십시오.

❷ 진료를 원하는 날짜와 시간을 확인하고 예약하십시오.

❸ 예약한 날에 접수 시킨 후 진료를 받으십시오.

- ▶ 예약하실 때는 꼭 환자 이름으로 예약해 주십시오.
- ▶ 환자가 많은 경우 예약 시간에 오셔도 30분에서 1시간 정도 기다리실 수 있습니다.
- ▶ 예약을 취소하거나 바꾸실 분은 진료 1일 전까지 연락 주시기 바랍니다.

진료 접수시키다 진료실 수납하다 문진표 상태 체중 체온 재다
처방전 주민 등록 번호

1 진료를 받으려면 어떻게 해야 합니까? (   ) 안에 쓰십시오.

번호표 뽑기	→	①	→	문진표 쓰기
→ 진료 받기	→	②	→	돈 내기

2 진료를 받기 전에 해야 하는 일을 찾으십시오. (,   )

①
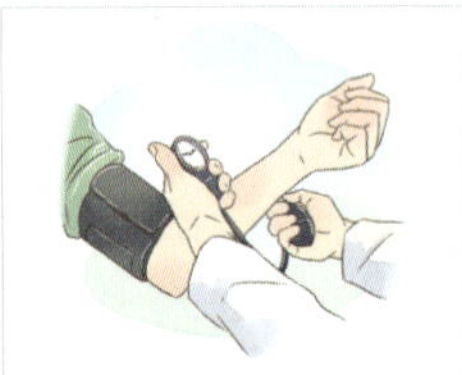

②
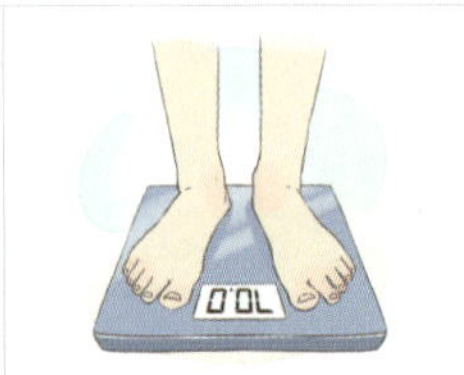

③
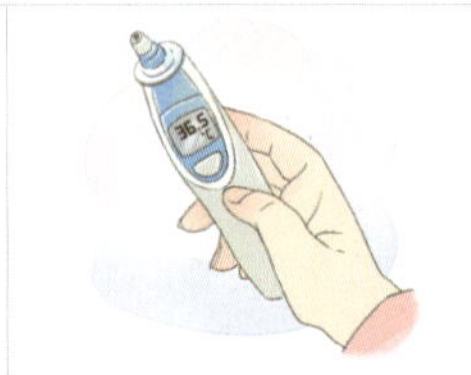

④
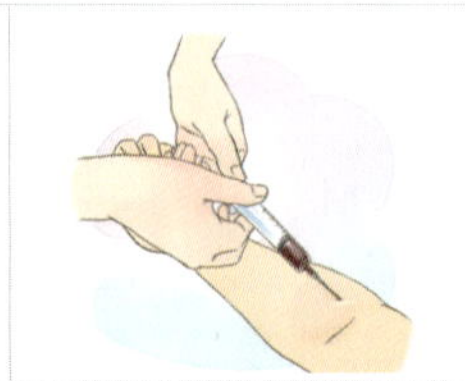

3 읽은 내용과 같은 것을 고르십시오. (   )

① 예약한 시간에 가도 기다릴 수 있다.

② 미리 예약하면 바로 진료실에 가서 진료를 받을 수 있다.

③ 병원에 직접 와서 예약할 때는 진료실에서 예약할 수 있다.

④ 예약 시간을 바꾸고 싶을 때는 1시간 전에 미리 연락하면 된다.

III. 정리해 봅시다

여러분의 건강 상태는 어떻습니까? ✔표시 하십시오.

증 상	예	아니오
감기에 잘 걸린다.		
쉽게 피곤해진다.		
숨 쉴 때 소리가 난다.		
운동을 할 때 가슴이 아플 때가 자주 있다.		
자주 배가 아프고 소화가 안된다.		
일이나 공부가 재미없다.		
항상 외롭다고 느낀다.		
머리가 자주 아프다.		
특별한 증상		

6과 병원

2. 진료실 대화

MP3 / 12

• 학습 목표: 병의 증상과 예방 방법에 대한 내용을 이해할 수 있다.

준비해 봅시다

1 병원에서 진료를 받은 적이 있습니까? 이야기해 봅시다.

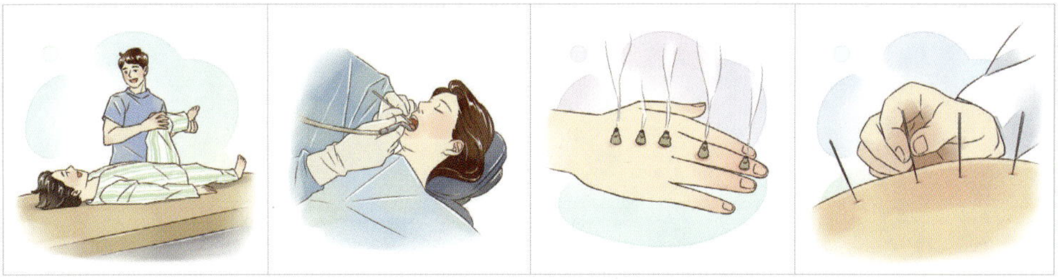

2 에릭 씨가 해 줄 말로 적당한 것을 고르십시오. (,)

올리비아

서울 신촌

며칠 전 계단을 내려가다가 발목을 삐었는데 붓기 시작.
일주일이 넘었는데도 낫지 않는다……

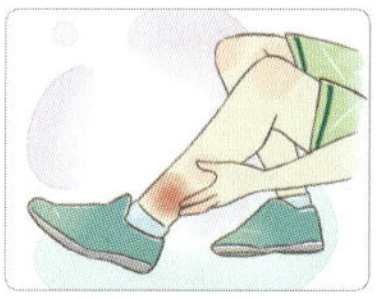

↳ **에릭**

많이 부었네! 큰 병원에 가는 게 좋겠어.

↳ **올리비아**

한국말도 잘 못하는데 어떻게 혼자서 병원에 가……
집에서 잘 쉬면 회복되겠지.

↳ **에릭**

안 돼. 아픈 다리로 자꾸 걸어 다니면 더 나빠질지도 몰라.

① "집에서 며칠 푹 쉬면 나을 거야."

② "그럼 가벼운 운동을 해 보는 게 어때?"

③ "빨리 병원에 가서 엑스레이 촬영을 해 봐."

④ "국제진료센터도 있으니까 한국말을 잘 못해도 괜찮을 거야."

발목 삐다 회복되다

II. 들어 봅시다

1 다음을 듣고 맞는 것을 연결하십시오.

① •	• ㉠ 치과
② •	• ㉡ 정형외과
③ •	• ㉢ 내과
④ •	• ㉣ 안과

2 다음을 듣고 이 환자가 할 일을 모두 찾으십시오. (,   )

①

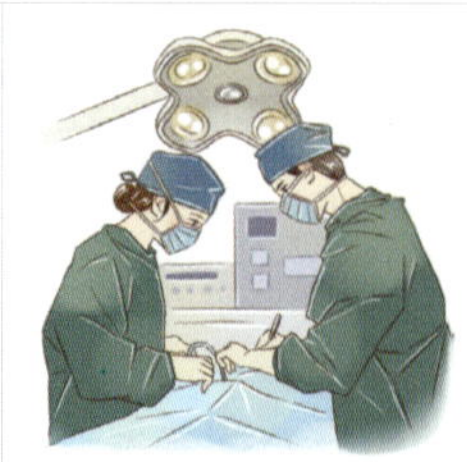
②

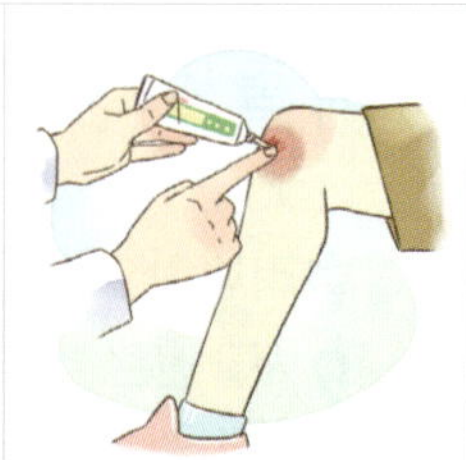
③

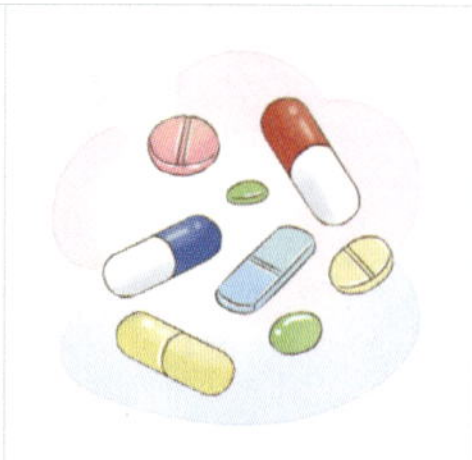
④

썩다 토하다 증상 골절 목발 진통제 처방하다 안과

3 다음을 듣고 질문에 답하십시오.

1) 두 사람의 대화에 나온 증상의 이름은 무엇입니까? 쓰십시오.

2) 이 증상의 원인을 찾으십시오. (　　,　　)

① ② ③ ④

3) 이 증상을 막기 위해 해야 할 일은 무엇입니까? (　　)

① 휴대 전화 화면을 내려다 본다.
② 휴대 전화 화면을 올려다 본다.
③ 컴퓨터 모니터를 눈높이에 맞춘다.
④ 컴퓨터 모니터를 눈높이 위로 맞춘다.

4) 이 증상에 도움을 주는 운동 방법으로 적당하지 <u>않은</u> 것은 무엇입니까? (　　)

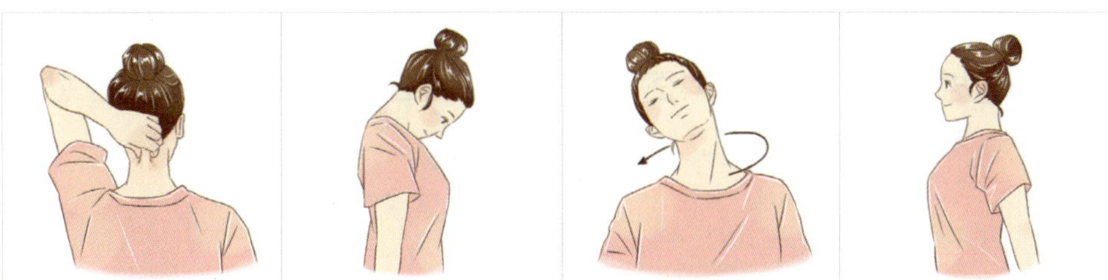

① ② ③ ④

정리해 봅시다

여러분만의 운동법이 있습니까? 집에서 할 수 있는 간단한 운동을 소개해 봅시다.

뒷부분　거북목　돌리다　눈높이

복습

MP3 / 13

1 다음을 듣고 질문에 답하십시오.

1. **들은 내용과 같은 것을 고르십시오. ( )**

   ① 국제진료센터는 1885년에 처음 문을 열었다.

   ② 국제진료센터보다 한국대학병원이 먼저 생겼다.

   ③ 국제진료센터에서는 한국인도 진료를 받을 수 있다.

   ④ 소장은 국제진료센터가 처음 생겼을 때부터 일하기 시작했다.

2. **국제진료센터를 이용할 수 없는 사람은 누구입니까? ( )**

   ① 외국에 사는 한국인

   ② 한국에 사는 외국인

   ③ 외국으로 나갈 한국인

   ④ 한국에서 치료를 받고 싶은 외국인

3. **소장의 꿈은 무엇입니까? ( )**

   ① 한국 문화를 여러 나라에 알리는 것

   ② 한국 노래를 여러 나라에 알리는 것

   ③ 한국의 의학 기술을 여러 나라에 알리는 것

   ④ 한국의 국제진료센터를 여러 나라에 알리는 것

4. **병원에서 환자를 도와준 적이 있습니까? 환자를 위해서 어떤 일을 할 수 있을지 이야기해 봅시다.**

서투르다　소장　신체검사

문화

한국의 민간요법

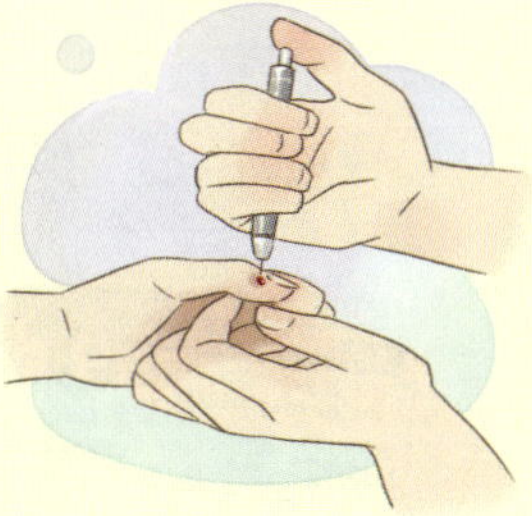

'민간요법'은 오랜 옛날부터 사람들이 병을 치료하고 예방하기 위해 집에서 손쉽게 사용했던 치료 방법입니다. 옛날에는 지금처럼 병원이 많지 않았고 의사의 수도 적었습니다. 그래서 사람들은 병을 고치기 위해 가까이에 있는 식물이나 동물 등을 이용해서 병을 치료했습니다.

기침이 너무 심할 때는 배에 꿀을 넣어 끓여 먹었고, 아이가 배가 아프다고 하면 엄마가 "엄마 손은 약손, 아기 배는 똥배"라는 노래를 부르면서 아이의 배를 엄마의 손으로 살살 문질러 주었습니다. 이렇게 하면 엄마의 따뜻한 손 마사지 덕분인지 배가 아프던 증세가 사라집니다. 심하게 체했을 때는 엄지손톱 밑을 바늘로 찌르는데 피가 나오게 하면 검붉은 피가 나오면서 소화가 잘 되기 시작합니다.

이렇게 우리 주변에서 흔히 볼 수 있는 것을 사용해 병을 치료했던 조상들의 민간요법은 지금까지도 많은 사람들이 병을 치료하는 데에 쓰고 있습니다. 하지만 민간요법만 믿으면 병을 더 키울 수 있으니까 증상이 심해지면 병원에 꼭 가야겠지요.

1. **'민간요법'이란 무엇입니까?**
2. **여러분 나라에는 어떤 민간요법이 있는지 이야기해 봅시다.**

07과 문화생활

1. 인터넷 예매하기

MP3 / 14

• 학습 목표: 인터넷으로 표를 예매하는 방법에 대한 내용을 이해할 수 있다.

Ⅰ. 준비해 봅시다

1 여러분은 인터넷으로 표를 사 본 적이 있습니까? 이야기해 보십시오.

2 다음 영화표 예매 화면을 보고 빈 칸에 쓰십시오.

영화 제목	❶
극장 이름 / 상영관	❷ / ❸
상영 일시	❹
관람 연령	❺
좌석 번호	❻

II. 들어 봅시다

1 다음을 듣고 들은 내용과 같은 것을 고르십시오. (　　)

① 두 사람은 영화표를 사러 극장에 갔다.
② 두 사람은 토요일에 영화를 보러 갈 것이다.
③ 두 사람은 영화를 보러 신촌극장에 갈 것이다.
④ 두 사람은 영화를 보고 나서 저녁을 먹을 것이다.

2 다음을 듣고 예매권으로 표를 살 때 입력해야 하는 것을 고르십시오. (　　)

① 전화 번호　② 카드 번호　③ 비밀 번호　④ 예매권 번호

3 다음을 듣고 질문에 답하십시오.

1) 두 사람은 무엇에 대해서 이야기하고 있습니까? (　　)

① 야구 경기 응원
② 야구 경기 표 예매
③ 야구 경기 팀 소개
④ 야구 경기장의 위치

2) 이 사람이 선택한 좌석과 그 이유를 고르십시오.

① 선택한 좌석 (　)

㉠ A석　㉡ B석　㉢ C석　㉣ D석

② 선택한 이유 (　)

㉠ 음식을 먹으면서 볼 수 있어서
㉡ 신나게 응원을 하면서 관람하려고
㉢ 가장 가까운 자리에서 보고 싶어서
㉣ 조용한 분위기에서 구경하고 싶어서

상영관　예매하다　예매권　경기　관람하다

3) 들은 내용과 같은 것을 고르십시오. (   )

① 남자는 야구장 좌석에 대해 잘 알고 있다.
② 여자는 야구 경기 표를 예매해 본 경험이 있다.
③ 남자는 여자가 원하는 자리의 표를 예매하지 못했다.
④ 여자는 시간이 없어서 남자에게 표 예매를 부탁했다.

Ⅲ. 정리해 봅시다

여러분은 공연이나 경기표 예매를 어떻게 합니까? 이야기해 봅시다.

7과 문화생활

2. 공연에 대한 감상

MP3 / 15

• 학습 목표: 공연을 관람한 후 느끼는 감상에 대한 내용을 이해할 수 있다.

준비해 봅시다

1 여러분은 어떤 공연을 자주 봅니까? 이야기해 봅시다.

2 다음을 듣고 남자가 본 공연과 관계있는 것을 찾으십시오. (, , ,)

ㄱ 의상이 화려하다.
ㄴ 무대가 크고 넓다.
ㄷ 내용이 감동적이다.
ㄹ 관객이 아주 많았다.
ㅁ 유명한 배우가 나온다.
ㅂ 관객들에게 웃음을 주었다.
ㅅ 배우의 노래 실력이 뛰어나다.
ㅇ 지난 주말에 마지막 공연을 했다.

어른들을 울리는 뮤지컬

‘백설공주를 사랑한 난장이’를 보고

오늘은 오랜만에 친구와 함께 대학로에서 뮤지컬을 보고 왔다. 오래전부터 보고 싶었던 ‘백설공주를 사랑한 난장이’를 드디어 본다고 생각하니까 많이 설레었다. 이 작품은 유명한 동화 ‘백설공주’를 ‘백설공주를 사랑한 난장이’라는 제목의 뮤지컬로 새롭게 만든 것으로 백설공주를 향한 막내 난장이의 아름다운 사랑 이야기이다. 2001년에 연극으로 공연된 뒤 계속 사랑을 받고 있고, 2013년부터는 뮤지컬로도 만들어져 지금까지 매년 공연되고 있다.

7세 이상부터 관람할 수 있는데 동화가 원작이어서 그런지 부모님들과 함께 온 아이들이 아주 많았다. 뮤지컬이 시작되기 전에는 아이들이 많아서 시끄럽지 않을까 걱정이 됐는데 뮤지컬이 시작되니까 아이들도 아주 조용히 공연을 봤다.

뮤지컬의 내용은 다음과 같다. 어느 날 일곱 명의 난장이가 살고 있는 작은 집에 무서운 새엄마한테서 도망친 백설공주가 찾아온다. 말을 못하는 막내 난장이 반달이는 백설공주를 보고 첫눈에 사랑을 느끼게 된다. 백설공주를 없애려고 하는 새엄마로부터 공주를 지키면서 반달이의 사랑은 더욱 커진다. 행복한 시간을 보내던 어느 날 백설공주는 영원한 잠을 자게 된다. 백설공주를 위해서 아주 위험한 여행을 떠난 반달이는 이웃 나라 왕자를 찾아서 데려온다. 그리고 공주가 깨어나면 마음을 다해 춤으로 사랑을 표현하기로 마음을 먹는다. 하지만 왕자의 키스로 깨어난 백설공주는 왕자와 결혼을 하게 된다.

반달이를 연기한 배우는 말이 아닌 표정과 춤으로만 모든 걸 표현해야 했는데 자연스러운 연기로 공연을 빛나게 만들었다. 사랑하는 사람을 위해서 자신을 희생하는 반달이의 사랑이 아름다워서 나도 모르게 눈물이 났다.

이 이야기의 진짜 주인공은 다른 사람이 아닌 반달이라고 생각했다. 공연이 끝난 후에는 무대에서 배우들과 같이 사진을 찍는 시간이 있어서 친구와 나는 기쁜 마음으로 사진도 찍었다. 정말 행복한 시간이었다.

난장이 설레다 작품 원작 도망치다 첫눈 영원하다 표정 빛나다
희생하다 무대

1 이 공연의 원작은 무엇입니까? (　　)

① 영화　② 연극　③ 노래　④ 동화

2 글의 내용과 같으면 O, 다르면 X 하십시오.

1) 이 사람은 공연을 보고 감동을 받았다. (　　)
2) 공연 내용이 아이들에게 적당하지 않다. (　　)
3) 난장이 반달이는 공주를 향한 마음을 대사로 잘 표현했다. (　　)

3 이 공연의 내용과 같은 것을 고르십시오. (　　)

① 새엄마는 공주를 지키려고 노력했다.
② 반달이의 키스로 공주는 잠에서 깨어났다.
③ 왕자는 공주를 위해서 반달이를 찾아갔다.
④ 반달이는 공주를 보자마자 사랑하게 되었다.

4 공연을 본 후 사람들이 한 이야기로 알맞은 것을 고르십시오. (　　)

① 연극으로도 만들었으면 좋겠어요.
② 난장이가 너무 자기 생각만 하는 거 아니에요?
③ 난장이와 백설공주가 결혼을 했다면 어땠을까요?
④ 이 뮤지컬은 아이들에게는 너무 어려운 거 아닌가요?

Ⅱ. 정리해 봅시다

공연을 보고 감동을 느낀 적이 있습니까? 친구와 이야기해 보고 감상문을 써 봅시다.

무용　감동　대사　표현하다

08과 생활 습관

1. 규칙적인 생활 습관

MP3 / 16

• 학습 목표: 건강을 위한 올바른 생활 습관에 대한 내용을 이해할 수 있다.

I. 준비해 봅시다

1 여러분은 아침 식사를 어떻게 합니까? 이야기해 봅시다.

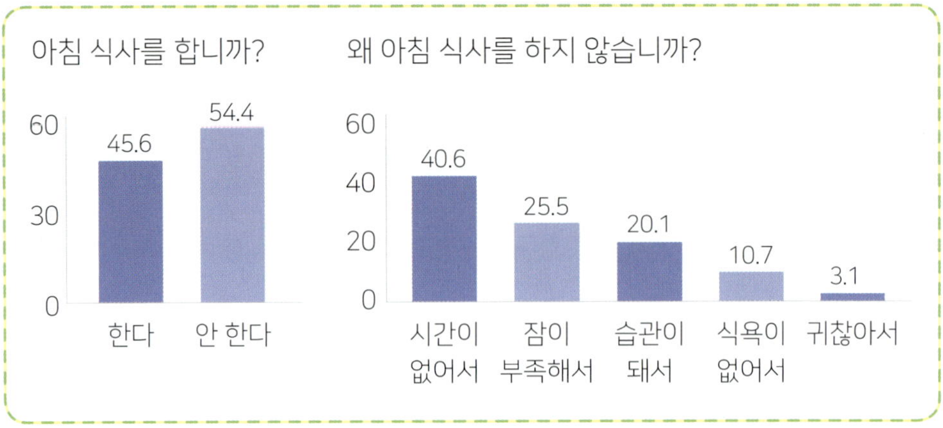

<'한국인의 아침 식사'에 대한 설문 결과>

2 다음을 듣고 남자가 말한 내용을 빈 칸에 쓰십시오.

4가지 생활 습관	좋은 점
㉠ ( )	→ 아침밥을 잘 먹게 된다.
아침을 먹는다.	→ ㉢ ( )
음식을 먹을 때 많이 씹는다.	→ ㉣ ( )
㉡ ( )	→ 긴장이 없어지고 스트레스가 풀린다.

II. 읽어 봅시다

좋은 생활 습관은 건강을 위한 시작

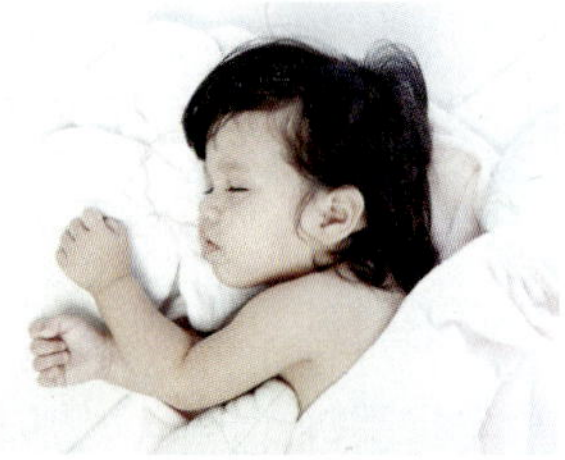

7~8시간은 자야 건강에 좋아

한국인은 잠자는 시간이 평균 6.3시간이라는 조사 결과가 나왔다. 연구 결과에 따르면 성인에게 적당한 수면 시간은 7~8시간이라고 한다. 아무리 적게 자도 수면 시간이 4~6시간 이상은 되어야 하고, 이보다 잠을 덜 자면 기억력이 나빠지고, 우울증에 걸릴 가능성이 높아진다고 한다. 반대로 하루 평균 9시간 이상 자면 일찍 죽는다는 연구 결과도 있다. 적당한 수면 시간을 지켜야 하겠다.

또한 적당한 수면은 성인보다 아이들에게 더 중요한데, 아이들은 성장을 위해서 9~10시간을 자는 것이 좋다. 자녀의 잠자는 시간을 묻는 질문에 53%의 사람들은 인터넷 사용(39%), 방과 후 학원 수업(30%) 때문에 '자녀가 7~8시간보다 적게 자고 있다'고 대답했다. 부모들은 자녀들이 인터넷을 하는 대신에 일찍 잠을 자게 해야 할 것이다.

조심해야 할 식사 습관

하루에 필요한 칼로리를 아침, 점심, 저녁 그리고 간식으로 나누어 먹는 것이 위장을 보호하기 위한 좋은 식사 방법이다. 그리고 무엇보다도 야식을 먹지 않는 것이 좋다.

성인 남녀 1,000명에게 설문 조사한 결과 10명 중 5명 이상(53.1%)은 1주일에 한 번 이상 야식을 먹는다고 답했다. 전문가들은 최근 야식을 즐기는 사람들이 많아진 이유는 밤늦게 활동하는 인구가 많고, 24시간 편의점 및 배달 음식이 많아졌으며, 쉽고 간편하게 야식을 먹을 수 있는 사회 분위기와도 깊은 관계가 있다고 말한다. 야식을 줄이기 위해서는 아침을 꼭 챙겨 먹고, 규칙적인 식사를 하는 것이 가장 좋은 방법이다.

연선일보 김지연 기자

평균 수면 성인 기억력 우울증 성장 방과 후 위장 야식 전문가
간편하다 사회 횟수 규칙적이다

1 이 글은 어떤 글입니까? (　　)

❶ 보고서　❷ 발표문　❸ 신문 기사　❹ 기자의 SNS 글

2 수면 시간에 대한 내용으로 맞는 것을 고르십시오. (　　)

❶ 잠을 많이 잘수록 오래 살 수 있다.
❷ 한국 사람들의 평균 수면 시간은 8시간 이상이다.
❸ 수면 시긴이 지나치게 적으면 우울증에 걸릴 수 있다.
❹ 아이들의 수면 시간이 적은 이유는 아직 밝혀지지 않았다.

3 주의해야 할 식사 습관으로 말하지 <u>않은</u> 것은 무엇입니까? (　　)

❶ 늦은 밤에 먹지 않는다.
❷ 간식은 가능하면 자주 챙겨 먹는 것이 좋다.
❸ 날마다 규칙적으로 먹는 것이 좋다.
❹ 하루에 필요한 칼로리는 여러 번 나누어서 먹는 게 좋다.

4 내용과 <u>다른</u> 것을 고르십시오. (　　)

❶ 야식을 자주 먹는 것은 건강에 좋지 않다.
❷ 배달 음식의 발달로 야식을 쉽게 시켜 먹을 수 있게 되었다.
❸ 야식을 많이 먹는 이유는 밤늦게까지 활동하는 사회 분위기 때문이다.
❹ 성인의 절반 이상이 일주일에 두 번 이상 야식을 먹는 것으로 나타났다.

Ⅲ. 정리해 봅시다

자신의 생활 습관에 표시하고 친구의 생활 습관과 비교해서 이야기해 봅시다.

식사 습관	수면 습관
□ 소식을 한다.	□ 7시간 이상 잔다.
□ 편식을 한다.	□ 하루에 5시간보다 적게 잔다.
□ 과식을 자주 한다.	□ 자고 일어나는 시간이 불규칙하다.
□ 식사를 제때에 한다.	□ 규칙적으로 같은 시간에 자고 일어난다.

절반　과식　소식　편식　불규칙하다

8과 생활 습관

2. 나에게 맞는 운동

MP3 / 17

• 학습 목표: 다양한 상황에 맞는 운동을 추천하는 내용을 이해할 수 있다.

Ⅰ. 준비해 봅시다

1 건강을 위해서 운동을 합니까? 친구와 이야기해 봅시다.

2 이 운동의 이름을 쓰고 연결하십시오.

1) 42.195km를 달리는 운동이다. (　　　　) • 　　• 

2) 숨을 천천히 깊게 쉬면서 스트레칭을 하는 운동으로 마음이 편해지고 스트레스가 풀린다. (　　　　) • 　　• 

3) 손과 발을 사용하여 물속을 자유롭게 이동하는 전신 운동이다. (　　　　) • 　　• 

4) 줄을 돌리며 뛰어넘는 운동으로 어디에서나 쉽게 할 수 있다. (　　　　) • 　　• 

II. 들어 봅시다

1 이 사람이 추천한 것은 무엇입니까? 고르십시오. (　　)

2 다음을 듣고 들은 내용과 <u>다른</u> 것을 고르십시오. (　　)

① 여자는 요즘 운동 부족이다.
② 남자는 체중이 늘어서 걱정하고 있다.
③ 여자는 남자와 같은 헬스클럽에 다닐 것이다.
④ 남자는 피로를 풀기 위해서 운동을 하는 것이 좋다고 생각한다.

3 대화를 듣고 알맞은 대답을 고르십시오.

1) 전신 스트레칭의 효과로 말하지 <u>않은</u> 것은 무엇입니까? (　　)

① 근육이 생긴다.
② 다이어트에 좋다.
③ 몸의 균형을 잡아 준다.
④ 근육의 긴장을 풀어 준다.

2) 들은 내용과 같은 것을 고르십시오. (　　)

① 여자는 지난주부터 운동을 시작했다.
② 여자는 운동을 하게 된 후 건강이 많이 좋아졌다.
③ 남자는 여자에게 같이 운동을 하러 가자고 권했다.
④ 남자는 운동을 시작하고 나서 체중이 늘어서 걱정이다.

3) 여자가 추천하는 운동을 고르십시오. (　　,　　)

안색　운동 부족　피로　엊그제　효과

Ⅱ. 정리해 봅시다

이 사람에게 어떤 운동을 추천하겠습니까? 이야기해 보십시오.

· 짧은 시간에 살을 빼고 싶은 사람
· 체중이 많이 나가서 뛸 수 없는 사람
· 음악을 들으면서 혼자 운동하고 싶어 하는 사람
· 시간이 없어서 운동하러 헬스클럽에 갈 수 없는 사람

복습

영화 '7번방의 선물'을 보고

얼마 전에 친구의 소개로 영화 '7번방의 선물'을 보게 되었다. 이 영화는 지적 장애인 아빠와 나이는 어리지만 생각이 어른스러운 딸의 이야기이다.

어느 날 아빠 용구는 딸 예승에게 줄 가방을 사러 가다가 경찰의 딸이 길에 쓰러져 있는 것을 보았다. 그 여자아이를 살리려고 했지만 그 여자아이는 죽게 되었고 사람들은 용구가 그 여자아이를 죽였다고 생각하고 경찰에 신고를 했다. 감옥 번호 7번방에 들어간 용구는 매일 딸 예승이를 그리워한다. 같은 방에 있는 사람들은 이런 용구를 보고 예승이를 감옥으로 몰래 데려온다. 이러한 일이 불가능한 것을 알면서도 영화를 보는 내내 긴장이 돼서 손에 땀이 났다. 감옥에서 자신보다 딸의 행복을 먼저 생각하는 용구의 모습은 정말 감동적이었다. 이 영화는 아버지와 딸의 따뜻한 사랑을 보여주면서 사회로부터 보호받지 못하는 지적 장애인 용구의 아픔도 잘 보여 주고 있다.

결국 용구는 딸을 지키기 위해서 죽게 된다. 나중에 변호사가 된 딸 예승이는 용구가 잘못하지 않았다는 것을 밝히면서 이 영화는 끝이 난다.

'7번방의 선물'에서의 용구와 예승이의 아름답고 감동적인 사랑이 사람들의 마음을 더욱 아프게 하기도 하지만 영화 속 배우들의 연기력이 훌륭해서 그 감동을 더해 주는 것 같다.

아버지와 딸을 연기한 주인공들은 정말 딸과 아버지인 것처럼 생각될 만큼 연기가 아주 자연스러웠다. 그리고 조연들의 재미있고 훌륭한 연기도 이 영화를 빛나게 한 힘이었다고 말하고 싶다.

지적 장애인　어른스럽다　쓰러지다　감옥　조연

1. **다음은 영화 감상평입니다. 이 사람은 어떤 감상을 썼을지 고르십시오.**

아이가 아버지 대신 감옥에 들어간다는 게 말이 안 되지요.	☐
딸에 대한 아버지의 사랑이 아주 인상적이네요.	☐
'진짜 아빠와 딸이 아닐까?'라는 생각이 들어요.	☐
영화가 시작되고 끝날 때까지 계속 웃어서 배가 아팠어요.	☐

2. **감동적이고 슬픈 영화를 본 적이 있습니까? 제목과 줄거리를 써 보십시오.**

제목:

문화

서울에서 즐길 수 있는 문화 공간

'문화철도 959'를 아십니까?

'문화철도 959'는 신도림 지하철역 안에 위치해 있는 복합 문화 공간입니다. 숫자 '959'는 구로구를 의미하는데, 지역 주민과 예술가가 자유롭게 드나드는 휴식처이자 작업 공간으로 활용할 수 있도록 만들었습니다. 이곳에는 아이들을 위한 키즈 카페가 갖추어져 있어서 가족이 함께 이용하기에 좋습니다.

이 공간은 예술가를 위한 예술 창작소와 문화 교실로 구성되어 있습니다. 예술 창작소는 작가의 작업실로 사용합니다. 문화 교실은 작가들이 미술 교육 강의를 진행하거나 지역 주민이 커뮤니티 활동을 할 수 있는 다목적 공간으로 활용되고 있습니다. 이용 시간은 평일은 오전 10시부터 오후 8시까지, 토요일은 오전 10시부터 오후 6시까지입니다.

1. **여러분 나라에도 특별한 지하철 역이 있습니까?**
2. **여러분은 어떤 문화 공간을 만들고 싶습니까?**

09과

문제와 해결

1. 유실물 센터

MP3 / 18

• 학습 목표: 유실물 센터를 이용하는 방법에 대한 내용을 이해할 수 있다.

Ⅰ. 준비해 봅시다

1 물건을 잃어버렸다가 다시 찾은 적이 있습니까? 이야기해 봅시다.

2 다음을 듣고 여자가 무엇을 할지 고르십시오. (　　)

①

②

③

줍다

II. 읽어 봅시다

내 블로그 | 이웃 블로그 | 블로그홈 로그인

프롤로그 | 블로그

대중교통을 이용할 때 물건을 지하철이나 버스에 놓고 내리는 경우도 있고, 승강장 의자에 물건을 놓고 지하철을 타는 경우가 여러분도 한두 번쯤은 있지 않습니까? 저도 전에 택시에 중요한 서류를 놓고 내려서 큰일 날 뻔한 적이 있었는데요, 오늘은 지하철을 이용하면서 물건을 잃어버렸을 때 어디에서 어떻게 찾으면 되는지 알아보겠습니다.

지하철에서 내리자마자 물건을 놓고 내렸다는 것을 알았다면 내린 시간과 내린 곳의 정확한 위치를 확인하고서 바로 역무실에 가서 이야기하면 됩니다. 역무실에서 그 지하철이 지금 어디에 있는지 확인해서 물건을 찾아 줍니다.

하지만 보통은 지하철에서 내린 후 시간이 지난 다음에 물건이 없다는 것을 알게 되어 당황하게 됩니다. 지하철에서 잃어버린 물건은 역무실로 가게 됩니다. 그런데 지하철 역무실에서는 보통 다음날까지만 유실물을 가지고 있습니다. 그 후에는 호선에 따라 다른데 1~8호선의 유실물은 경찰 유실물 센터로 보내지고, 9호선은 '메트로9' 유실물 센터로 먼저 보내졌다가 7일 후에 경찰 유실물 센터로 보내집니다. 따라서 몇 호선에서 잃어버렸는지를 잘 기억해야 합니다.

경찰 유실물 센터에 직접 가기 전에 먼저 유실물 센터의 포털 사이트에서 찾아보는 것도 좋습니다. 잃어버린 날짜를 기억하면 더 쉽게 찾을 수 있습니다. 사진도 있고 유실물을 주운 장소도 나와 있기 때문에 자기가 잃어버린 물건이 맞는지 정확하게 확인할 수 있습니다. 자기가 잃어버린 물건이 맞으면 유실물 센터나 경찰서에 직접 가서 물건을 찾아올 수도 있고, 홈페이지나 전화로 연락을 해서 택배로 받을 수도 있습니다.

버스나 택시에 물건을 놓고 내렸을 때도 7일 이후에는 경찰 유실물 센터로 보내진다는 사실을 기억하시면 좋겠습니다. 하지만 이렇게 유실물을 찾는 방법에 대해 잘 아는 것도 중요하지만 무엇보다 자신이 타고 내릴 때 물건을 다시 확인하는 습관이 더 중요하겠지요?

큰일　역무실　당황하다　메트로　포털 사이트

1 이 글의 중심 내용은 무엇입니까? (　　)

① 유실물의 종류
② 유실물을 찾는 방법
③ 유실물이 생기는 원인
④ 유실물 검색과 등록 방법

2 지하철에서 물건을 잃어버렸을 때 무슨 정보를 알면 좋습니까? 고르십시오. (　　,　　)

① 지하철을 탄 시간　　② 지하철에서 내린 시간
③ 지하철에서 내린 위치　　④ 지하철이 지금 있는 위치

3 지하철 유실물은 어떻게 보관합니까? 빈 칸에 쓰십시오.

역무실
1~8호선 — 다음 날 → [　　　　]
9호선 — 다음 날 → 메트로 9 유실물 센터 — 7일 후 → [　　　　]

4 잃어버린 물건을 어디에서 찾을 수 있습니까? 알맞게 연결하십시오.

① 3일 전 지하철에서 놓고 내린 가방 •　　ㄱ 지하철 역무실
② 오늘 승강장에 놓고 온 휴대 전화 •　　ㄴ 경찰 유실물 센터 포털 사이트

Ⅱ. 정리해 봅시다

여러분 나라에서는 잃어버린 물건을 찾을 때 어떻게합니까? 이야기해 봅시다.

· 학교에서 책을 잃어버렸을 때
· 택시에 지갑을 놓고 내렸을 때
· 버스에 우산을 놓고 내렸을 때
· 지하철에서 가방을 잃어버렸을 때
· 공항에서 휴대 전화를 잃어버렸을 때

09과 문제와 해결

2. 수리 센터 이용

MP3 / 19

• 학습 목표: 문제 상황과 수리 센터 이용에 대한 내용을 이해할 수 있다.

Ⅰ. 준비해 봅시다

1 여러분은 어떤 문제가 생기면 수리 센터에 갑니까? 이야기해 봅시다.

2 서비스 센터 홈페이지에서 수리를 신청하려고 합니다. 무엇을 선택해야 합니까?

서비스 신청/안내	고객의 소리	전자 서비스	회사 소개

ㄱ

ㄴ

ㄷ

ㄹ

서비스 센터 이용 시간 월~금 9:00~18:00
토 9:00~12:00
일요일, 공휴일은 쉽니다.

1) 텔레비전 설명서를 잃어버렸는데 보고 싶어요. (　　)
2) 서비스 센터에 방문하기 전에 예약하고 싶어요. (　　)
3) 에어컨이 고장 났는데 출장 수리를 신청하려고요. (　　)
4) 서비스 센터에 가고 싶은데 어디 있는지 모르겠어요. (　　)

II. 들어 봅시다

1 남자는 무엇을 하겠습니까? 고르십시오. (   )

① 자전거를 타고 빨리 달린다.
② 자전거에서 내려서 끌고 간다.
③ 자전거를 타고 수리점에 간다.
④ 여자를 지하철역까지 태워다 준다.

2 다음을 듣고 들은 내용과 같은 것을 고르십시오. (   )

① 여자는 휴대 전화를 땅에 떨어뜨렸다.
② 여자는 휴대 전화를 고치러 수리 센터에 왔다.
③ 여자는 남자에게 휴대 전화를 켜서 보여주었다.
④ 여자는 휴대 전화를 찾으러 내일 수리 센터에 올 것이다.

3 다음을 듣고 질문에 답하십시오.

1) 텔레비전에 무슨 문제가 있습니까? 고르십시오. (,   )

① 화면이 깜빡거린다.
② 케이블 선을 찾을 수 없다.
③ 화면에 아무것도 보이지 않는다.
④ 리모컨으로 소리를 줄일 수 없다.

2) 들은 내용과 같은 것을 고르십시오. (   )

① 남자는 수리 기사와 통화하고 있다.
② 남자는 텔레비전을 가지고 수리 센터에 갈 것이다.
③ 남자의 텔레비전은 어제까지 아무 이상이 없었다.
④ 여자는 내일 텔레비전을 수리하러 남자의 집에 방문할 것이다.

3) 이 대화 후에 남자는 무슨 말을 하겠습니까? (   )

① 내일 오후 2시쯤 될까요?
② 그럼 전원을 한번 꺼 볼까요?
③ 기사님 전화번호가 몇 번입니까?
④ 서비스 센터는 몇 시까지 하나요?

III. 정리해 봅시다

여러분은 수리 센터를 이용한 적이 있습니까? 이야기해 봅시다.

타이어 펑크 끌다 배터리 드라이어 말리다 기계 수리하다 여쭈다
케이블 연결되다 전원 깜빡거리다

10과 실수와 사과

1. 실수

MP3 / 20

• 학습 목표: 다양한 상황의 실수에 대한 내용을 이해할 수 있다.

Ⅰ. 준비해 봅시다

1 여러분은 말실수를 한 적이 있습니까? 어떤 말실수를 했는지 이야기해 봅시다.

2 이 글의 주제는 무엇입니까? 고르십시오. (　　)

여러분은 쫄면을 좋아하십니까? 분식집의 인기 메뉴인 쫄면은 사실 실수로 만들어진 음식인데요. 인천의 냉면 국수를 만드는 공장에서 한 직원의 실수로 냉면 국수보다 굵은 국수가 나오게 됐습니다. 공장 사람들은 이 국수를 팔 수 없어서 점심으로 먹기로 하고, 근처에 있는 식당에 가서 비빔국수로 만들어 달라고 했습니다. 그런데 이 비빔국수가 너무 맛있었습니다. 그 비빔국수를 만들어 준 식당 주인도 먹어 보니까 이 음식이 너무 맛있어서, 그 때부터 굵은 국수로 비빔국수를 만들어 팔았다고 합니다. 이렇게 만들어진 음식이 쫄면입니다.

우리가 많이 먹는 '얇은' 삼겹살도 실수 때문에 생겼습니다. 한 요리사가 삼겹살을 써는 기계를 잘못 주문했습니다. 그래서 삼겹살을 너무 얇게 썰었는데 그 얇은 삼겹살이 아주 맛있어서 지금은 아주 인기 있는 음식이 되었다고 합니다.

① 실수를 하지 않는 사람은 없다.
② 실수는 항상 좋은 결과를 만든다.
③ 실수를 할수록 좋은 경험이 쌓인다.
④ 실수가 좋은 결과를 가지고 올 때도 있다.

Ⅱ. 들어 봅시다

1 남자와 여자는 무슨 실수를 했습니까? 맞는 것을 연결하십시오.

①  • • ㉠ 생각보다 돈을 더 보냈다.

②  • • ㉡ 생각보다 돈을 덜 보냈다.

2 누가 무슨 실수를 했습니까? 쓰고 알맞게 연결하십시오.

	•	㉠ ＿＿＿＿를 '안녕히 가세요.'라고 했어요.
① 존 •	•	㉡ '감사합니다'를 ＿＿＿＿라고 했어요.
② 하늘 •	•	㉢ ＿＿＿＿을 '공항'이라고 했어요.
③ 하늘의 어머니 •	•	㉣ '키친타월'을 '치킨 타월'이라고 해요.
	•	㉤ '블루베리'를 '브로콜리'라고 해요.

3 다음을 듣고 질문에 답하십시오.

1) '실수의 여왕'에 대해 맞는 것을 고르십시오. (　　)

① 부끄러움이 많다.
② 회사 일이 적성에 맞다.
③ 실수를 해도 괜찮다고 생각한다.
④ 회사 동료들에게 실수를 자주 해서 미안해 한다.

2) '실수의 여왕'은 어떤 실수를 했습니까? (　　,　　)

① 이메일을 다른 사람에게 보냈다.
② 전화를 건 사람의 이름을 묻지 않았다.
③ 이메일을 보내야 하는데 보내지 않았다.
④ 부장님에게 전화가 왔다고 말하지 않았다.

키친타월　블루베리　브로콜리　이해력　화를 내다　부끄럽다　설문 조사　태도　적성

3) 설문 조사 결과 회사 선배들이 신입 사원에게 바라는 태도는 무엇입니까? 고르십시오. (　　,　　,　　)

① 표정이 밝다.
② 실력이 있다.
③ 실수를 하지 않는다.
④ 일을 배우려고 한다.
⑤ 다른 사람들과 잘 지내려고 노력한다.

4) 이 사람은 '실수의 여왕'에게 어떻게 하라고 했습니까? 맞는 것에 모두 ◯하십시오.

회사를 그만둔다.
윗사람 말을 잘 듣는다.
닉네임을 바꾼다.
실력을 키운다.
실수를 부끄럽게 생각하지 않는다.

Ⅲ. 정리해 봅시다

여러분은 실수를 해서 다른 사람을 화나게 한 적이 있습니까? 어떤 실수를 했습니까? 이야기해 보십시오.

10과 실수와 사과

2. 사과하는 방법

MP3 / 21

• 학습 목표: 사과하는 여러 가지 방법에 대한 내용을 이해할 수 있다.

Ⅰ. 준비해 봅시다

1 사과를 받고 기분이 나빴던 적이 있습니까? 여러분이 사과했는데 상대방이 사과를 받지 않은 적이 있습니까? 이야기해 봅시다.

2 다음을 듣고 누가 사과를 잘 했는지 이야기해 보십시오. (　　,　　,　　)

진심으로
죄송합니다.

성미

미안한데 그 때는
어쩔 수 없었어.

상우

제가 그렇게 하려고
한 것은 아닙니다만
죄송합니다.

정석

죄송합니다.
제가 이렇게 된 이유를
말씀드리겠습니다.

미연

정말 죄송할 뿐입니다.
죄송합니다.

상진

진짜 미안해.

현수

북 칼럼

최근 새로 나온 〈좋은 인간관계를 위한 좋은 사과〉라는 책이 나오자마자 큰 인기를 끌고 있다. 이 책에서 글쓴이는 가능하면 빠른 시간 안에 사과하라고 한다. 사과를 늦게 하면 상대방은 자신과 그 일을 중요하지 않게 생각한다고 느낄 수 있기 때문이다.

또한 상대방이 멀리 있는 것이 아니라면 얼굴을 직접 보고 사과하는 것이 좋다고 한다. 상대방은 나를 싫어하는 것이 아니라 나의 어떤 행동이나 내가 한 어떤 일에 화가 난 것이다. 직접 만나기가 어려운 경우에는 전화나 이메일로 사과할 수도 있지만 어떤 경우에도 될 수 있는 대로 빨리 사과하는 것이 중요하다.

사과를 할 때는 먼저 '미안하다', '죄송하다'는 말을 해서 잘못을 인정한다는 것을 알려야 한다. '미안하다'는 말을 정확하게 하지 않거나 자신이 그렇게 할 수밖에 없었던 이유에 대해서만 말하면 상대방은 사과가 진심이 아니라고 오해할 수 있다.

자신이 잘못한 이유를 설명할 때는 '나'로 시작하는 문장을 사용해야 한다. 이렇게 하면 자신의 잘못을 정확히 알고 있다는 느낌을 준다. 또 '하지만'이라는 말을 하지 말아야 한다. '미안해요, 하지만......'이라고 하면 내 잘못을 인정하지 않고 다른 사람의 잘못이라고 생각하는 것 같은 느낌을 주기 때문이다. 사과를 하는 모든 상황에서 말투와 표정은 너무 딱딱하거나 반대로 가볍지 않아야 한다.

진심으로 사과를 한 다음에는 상대방의 말을 잘 들어야 한다. 내 사과가 모자랄까 봐 자기가 계속 말하는 것은 좋지 않다.

마지막으로 사과를 해도 잘못된 행동을 고치지 않으면 사과하는 의미가 없다. 그렇기 때문에 다시는 이런 일이 일어나지 않게 하겠다거나 잘못된 것을 어떻게 바꾸겠다는 약속을 해야 한다.

요즘 같이 모두가 바쁘게 살아가는 사회일수록 우리는 주변에 있는 사람들을 생각해야 한다. 내가 저 사람의 마음을 아프게 하지는 않았는지, 내가 어떻게 하면 저 사람을 더 행복하게 할 수 있을지 생각해 보아야 한다. 너도 나도 그렇게 할 때 우리 사회는 더 따뜻해질 것이다.

1 이 책에 나오는 내용이 아닌 것을 고르십시오. (   )

① 사과하는 이유
② 사과할 때 하는 말
③ 사과하는 사람의 태도
④ 사과를 하는 적당한 때

사과하다　상대방　인정하다　진심　오해하다　모자라다

2 사과를 어떻게 하면 좋습니까? 좋은 방법과 좋지 않은 방법을 고르십시오.

① 좋은 방법(　　,　　)　　② 좋지 않은 방법(　　,　　,　　,　　)

㉠ 될 수 있으면 빨리 사과한다.
㉡ 잘못한 이유를 자세히 설명한다.
㉢ 이메일보다는 직접 만나서 사과한다.
㉣ 너무 딱딱하지 않게 가벼운 분위기로 사과한다.
㉤ 잘못을 했을 때는 시간이 조금 지난 후에 사과를 한다.
㉥ 미안한 마음을 전하기 위해서 가능하면 오랫동안 사과의 말을 한다.

3 다음 행동을 하면 상대방이 어떤 생각을 하게 됩니까? 연결하십시오.

① '하지만'이라는 말을 한다. •	• ㉠ 이 일은 사실 내 잘못이 아니다.
② '내가'로 문장을 시작한다. •	• ㉡ 이 일을 중요하게 생각하지 않는다.
③ 시간이 많이 지난 뒤에 사과한다. •	• ㉢ 자신의 잘못을 정확하게 알고 있다.

4 이 책에서 말한 사과의 순서를 보기에서 골라 번호를 쓰십시오.

(　　　　) → (　　　　) → (　　　　)

보기

① 상대방의 말을 잘 듣는다.
② 상대방에게 미안하다고 사과한다.
③ 자기 행동을 어떻게 고칠 것인지 이야기한다.

Ⅱ. 정리해 봅시다

여러분이 생각하는 가장 좋은 사과 방법은 무엇입니까?
이야기해 봅시다.

복습

1 다음을 읽고 질문에 답하십시오.

사람들은 사계절 중에서는 봄에, 요일 중에서는 금요일에 그리고 지하철 중에서는 지하철 2호선에서 물건을 많이 잃어버리는 것으로 나타났다.

지하철 유실물은 매년 많아져서 지난해 처음 13만 건을 넘었다. 서울시가 지난 24일 발표한 '서울 지하철 유실물에 대한 보고서'를 보면 지난해 유실물 접수가 13만 2,478건으로 유실물 접수를 받은 이후 최고로 많았다. 그 전해보다도 11.2% 많다.

유실물 종류로는 가방이 2만 5,955건으로 가장 많이 접수되었다. 재작년까지 2년 동안 유실물 접수 1위였던 휴대 전화, 노트북 등 전자 제품은 2만 5,786건으로 2위였다. 옷(9,158건), 지갑·현금(5,562건), 서류·책(4,043건), 기타로는 액세서리·시계 등이 있었다.

지하철 노선별로는 2호선이 2만 2959건으로 1위였다. 전체 유실물의 4분의 1 정도가 2호선에서 접수된 것이다. 4호선(1만 7,186건), 3호선(1만 6,874건), 7호선(1만 6,670건), 5호선(1만 6,564건)에서도 유실물이 많이 접수됐다.

월별로는 5~7월이 매월 1만 건 이상을 기록해 가장 많았고 특히 5월에 많았다. 계절이 바뀌거나 외출을 많이 하는 때에 물건을 손에 들고 다니다가 놓고 내리는 경우가 많기 때문이다. 요일별로는 금요일(16.2%)과 월요일(15.3%)에 유실물 접수가 많았다.

지난해 주인에게 돌아간 유실물은 82.3%이다. 전자 제품은 94.8%, 액세서리·시계 83.2%로 비싼 물건일 때 주인이 찾아가는 경우가 많았다. 이와 달리 서류와 책은 52.8%만 찾아갔다. 물건을 찾아가는 것은 4년 전에 76.5% 정도였지만 매년 점점 늘어서 지난해에는 82.3%를 기록했다.

주인을 찾지 못한 물건은 6개월이 지난 후 현금·귀중품은 국가의 재산이 되고, 나머지 물건은 어려운 사람을 돕는 곳에 보낸다. 지난해에는 옷, 신발, 우산, 가방 등 1만 6,057개가 어려운 사람을 돕는 곳에 보내졌다.

이해영 기자 leehy@ysilbo.co.kr

기록하다 귀중품 재산

1. 표에 알맞은 말을 쓰십시오

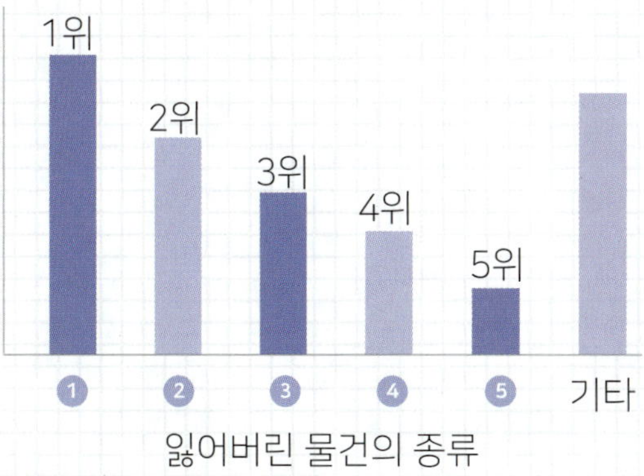

① (   )
② (   )
③ (   )
④ (   )
⑤ (   )

2. 왜 이 글을 썼습니까? (   )

① 지하철에서 물건을 잃어버리면 안 된다는 것을 알려주려고
② 지하철에서 어떤 물건을 언제 많이 잃어버리는지 알려주려고
③ 지하철에서 물건을 잃어버리면 빨리 찾아야 한다고 알려주려고
④ 지하철에서 물건을 잃어버리면 어떻게 찾으면 되는지 알려주려고

문화

알고 있으면 편리한 전화번호

여러분, 한국 생활에 많이 익숙해지셨나요? 하지만 아직도 모르는 것이 있으면 많이 당황하게 되지요? 가고 싶은 곳에 어떻게 가는지 잘 모를 때, 물건을 잃어버렸을 때, 여러분은 어떻게 하시나요? 말이 통하지 않아 어려울 때도 많으실 겁니다. 이제 걱정하지 마세요. '다산 콜센터 서비스'가 있으니까요. 이제는 다산 콜센터에서 여러분의 고민을 해결해 드리겠습니다. '120'번으로 전화하시면 여러분에게 꼭 필요한 서비스를 받을 수 있을 뿐만 아니라 영어, 일본어, 중국어, 베트남어, 몽골어 등 여러분의 모국어로도 안내를 받으실 수 있습니다. '120번' 꼭 기억하세요!

1. 여러분 나라에도 외국인을 위한 안내 서비스가 있습니까? 친구와 같이 이야기 해 보세요.

2. 지금 알고 싶은 서울 생활 정보가 있습니까? 다산 콜센터에 전화해서 물어봅시다.

부록

모범 답안
색인

모범 답안

1-1 신입생 환영회

Ⅰ. 준비해 봅시다.

	연락 전	연락 후
장소	101호	202호
시간	1시	1시 30분

Ⅱ. 들어 봅시다.

1. 1) ②, ③ 2) ①, ④

2.

오리엔테이션	→	신입생 환영회	→	뒤풀이

3. 1) ②

2) ③

3)

신청 과목	
필수 과목	① 영어
	② 글쓰기
선택 과목	③ 한국 문화의 이해
	④ 테니스

Ⅲ. 정리해 봅시다.

생략

1-2 신입 사원 인사

Ⅰ. 준비해 봅시다.

1. 1) ㉠ 2) ㉢

Ⅱ. 읽어 봅시다.

1. ④

2. ②

3. ④

Ⅲ. 정리해 봅시다.

생략

2-1 기숙사 생활

Ⅰ. 준비해 봅시다.

① 서울이 아닌 곳에 사는 학생

② 외국인 유학생

③ 신청 기간

④ 서류

⑤ 기숙사비

Ⅱ. 들어 봅시다.

1. 책상, 침대, 냉장고, 샤워실, 책장

2. ①

3. 1) ①

2) ① - ㉡, ② - ㉠, ③ - ㉢

3) ①

Ⅲ. 정리해 봅시다.

생략

2-2 동아리 활동

Ⅰ. 준비해 봅시다.

②

Ⅱ. 읽어 봅시다.

1. ①

2. ①

3.

일	월	화	수	목	금	토
		1	2 공부	3	4	5 체육대회
6	7	8	9	10	11 놀이/게임	12
13	14 공부	15	16 공부	17	18	19
20	21	22	23	24	25 놀이/게임	26 동아리 전체 모임(여행)
27 동아리 전체 모임(여행)	28	29	30	31		

Ⅲ. 정리해 봅시다.

생략

◆ 복습

1. ①

2. 생략

3-1 살고 싶은 집

Ⅰ. 준비해 봅시다 .

1) ①, ③, ⑤, ⑥

2) ②, ④

Ⅱ. 읽어 봅시다

1. ④

2. ②

3. ④

4. ②

Ⅲ. 정리해 봅시다.

생략

3-2 부동산 소개소 이용

I. 준비해 봅시다.

①

II. 들어 봅시다.

1. ③
2. ②
3. 1) ③, ④, ⑤
   2) ②
   3)

해야 할 일	필요한 것
① 계약서 ② 계약금	③ 신분증 ④ 도장

III. 정리해 봅시다.

생략

4-1 이사하기

I. 준비해 봅시다.

④

II. 들어 봅시다

1. 책상: ①
   큰 화분: ④
2. ④
3. 1) ②
   2) 1) ①, ④ 2) ②, ③
   3) ①, ④

III. 정리해 봅시다.

생략

4-2 쓰레기를 버리는 방법

I. 준비해 봅시다.

	월	화	수	목	금	토	일	시간
일반 쓰레기	V			V				저녁 5시부터 12시까지
음식물 쓰레기			V			V		
재활용 쓰레기	V	V	V	V	V	V	V	아무때나

II. 읽어 봅시다.

1. ②
2. ④
3. ③

III. 정리해 봅시다.

생략

◆ 복습

1. 생략
2. ①
3. 생략

5-1 식사 예절

I. 준비해 봅시다.

④, ⑥

II. 들어 봅시다.

1. ④
2. ②
3. 1) ④
   2)

인도	손을 깨끗이 씻고 오른손으로 음식을 먹는다.
한국	수저로 음식을 먹는다. 윗사람이 먼저 식사를 시작한다.
일본	젓가락으로 음식을 먹는다. "잘 먹겠습니다"라고 말하고 같이 먹는다. 밥그릇을 들고 먹는다.

3)젓가락, 소화, 음식을 먹

III. 정리해 봅시다.

생략

5-2 한국 음식 소개

I. 준비해 봅시다

1) 붕어빵 2) 팥, 초콜릿, 치즈, 딸기잼 3) 붕어빵
4) 그 사람하고 얼굴이 닮았다. 5) 생략(붕어빵/물고기 모양)

II. 읽어 봅시다.

1. ④
2. ③
3. ①, ③

III. 정리해 봅시다.

생략

6-1 병원 예약하기

Ⅰ. 준비해 봅시다.

2번 : 빠른 예약 확인
3번 : 예약 취소
4번 : 위치, 교통 안내
전화번호 안내 : 0번

Ⅱ. 읽어 봅시다

1. ① 접수시키기　　② 처방전 받기
2. ②, ③
3. ①

Ⅲ. 정리해 봅시다.

생략

6-2 진료실 대화

Ⅰ. 준비해 봅시다.

③, ④

Ⅱ. 들어 봅시다.

1. ① - ㉡, ② - ㉣, ③ - ㉠, ④ - ㉢
2. ①, ③
3. 1) 거북목
   2) ①, ③
   3) ③
   4) ②

Ⅲ. 정리해 봅시다.

생략

◆ 복습

1. ②
2. ①
3. ③

7-1 인터넷 예매하기

Ⅰ. 준비해 봅시다.

① 안녕, 내 사랑　　② 신촌극장　　③ 4관
④ 6월 29일(금) 09:00　　⑤ 12세 관람가　　⑥ F7, F8

Ⅱ. 들어 봅시다.

1. ②
2. ④
3. 1) ②
   2) ① - ㉢, ② - ㉡
   3) ①

Ⅲ. 정리해 봅시다.

생략

7-2 공연에 대한 감상

Ⅰ. 준비해 봅시다.

㉠, ㉢, ㉣, ㉦

Ⅱ. 읽어 봅시다.

1. ④
2. 1) o　　2) x　　3) x
3. ④
4. ③

Ⅲ. 정리해 봅시다.

생략

8-1 규칙적인 생활 습관

Ⅰ. 준비해 봅시다.

㉠ 아침에 스트레칭을 한다.
㉡ 낮잠을 잔다.
㉢ 하루 동안 활동할 힘을 만들어 준다.
㉣ 소화가 잘된다.

Ⅱ. 읽어 봅시다.

1. ③
2. ③
3. ②
4. ④

Ⅲ. 정리해 봅시다.

생략

8-2 나에게 맞는 운동

Ⅰ. 준비해 봅시다.

1) 42.195km를 달리는 운동이다. (마라톤)
2) 숨을 천천히 깊게 쉬면서 스트레칭을 하는 운동으로 마음이 편해지고 스트레스가 풀린다. (요가)
3) 손과 발을 사용하여 물 속을 자유롭게 이동하는 전신 운동이다. (수영)
4) 줄을 돌리며 뛰어넘는 운동으로 어디에서나 쉽게 할 수 있다. (줄넘기)

Ⅱ. 들어 봅시다.

1. ①
2. ②
3. 1) ①
   2) ②
   3) ②, ④

Ⅲ. 정리해 봅시다.

생략

◆ 복습

1.

아이가 감옥에 들어간다는 게 말이 안 되지요.	□
딸에 대한 아버지의 사랑이 아주 인상적이네요.	☑
'진짜 아빠와 딸이 아닐까?'라는 생각이 들었어요.	☑
영화가 시작되고 끝날 때까지 계속 웃어서 배가 아팠어요.	□

2. 생략

9-1 유실물 센터

Ⅰ. 준비해 봅시다.

②

Ⅱ. 읽어 봅시다.

1. ②
2. ②, ③
3. 경찰 유실물 센터
4. ① ㉡, ② ㉠

Ⅲ. 정리해 봅시다.

생략

9-2 수리 센터 이용

Ⅰ. 준비해 봅시다.

1) ㉣ 2) ㉡ 3) ㉢ 4) ㉠

Ⅱ. 들어 봅시다.

1. ②
2. ②
3. 1) ③, ④
   2) ③
   3) ①

Ⅲ. 정리해 봅시다.

생략

10-1 실수

Ⅰ. 준비해 봅시다.

④

Ⅱ. 들어 봅시다.

1. ① ㉠ ② ㉡
2. ㉠ 안녕히 계세요,
   ㉡ 다녀오세요
   ㉢ 고향
   ① ㉠, ㉢ ② ㉡, ㉣ ③ ㉤
3. 1) ④
   2) ①, ②
   3) ①, ④, ⑤
   4)

회사를 그만둔다.
윗사람 말을 잘 듣는다.
(닉네임을 바꾼다.)
실력을 키운다.
(실수를 나쁘게 생각하지 않는다.)

Ⅲ. 정리해 봅시다.

생략

10-2 사과하는 방법

Ⅰ. 준비해 봅시다.

성미, 상진, 현수

Ⅱ. 읽어 봅시다

1. ①
2. ① ㉠, ㉢
   ② ㉡, ㉣, ㉤, ㉥
3. ① ㉠ ② ㉢ ③ ㉡
4. (②) → (①) → (③)

Ⅲ. 정리해 봅시다.

생략

◆ 복습

1. ① 가방 ② 전자 제품 ③ 옷 ④ 지갑, 현금 ⑤ 서류, 책
2. ②

색인

어휘 색인

ㅈ

English Version

새 연세한국어 듣기와 읽기 3-1

별책부록

NEW YONSEI KOREAN Listening and Reading

연세대학교 한국어학당 편

연세대학교 출판문화원

Foreword

The Yonsei University Korean Language Institute ("Yonsei KLI") was established in 1959 as the first institute to provide Korean language courses. Yonsei KLI has published numerous Korean language teaching textbooks and conducted various studies on Korean language pedagogy commensurate with its long history and prestigious reputation as the world's leading Korean language institute. Yonsei KLI has imparted language skills and knowledge of Korea's rich cultural heritage to over 140,000 students from 147 countries. More recently, the institute has extended the learning environment beyond physical classrooms to the online space through the creation of MOOCs(Massive Open Online Course), which have received deep appreciation from those who wish to learn the Korean language but are unable to attend Yonsei KLI in person. To keep pace with the rapidly evolving educational environment, Yonsei KLI continues to relentlessly pursue various endeavors to update and develop new methods of and materials for teaching the Korean language.

Yonsei KLI has offered various regular, short-term, and the university Korean courses for those who are studying the Korean language for both general and special purposes. The institute has been deeply committed to developing teaching materials of the highest quality that cater to learners' needs. The textbooks created and published by Yonsei KLI have been satisfying the diverse needs of Korean language instructors and learners around the world to provide excellent teaching and learning experiences.

Yonsei KLI is now proud to present the "New Yonsei Korean" textbook series which follows in the steps of the "Yonsei Korean 1–6" series, the all-time favorite textbook series for learning the Korean language. Many scholars and instructors with years of hands-on Korean language teaching experience have been involved, and great deals of time and effort have been dedicated in its development. Their understanding of the best teaching practices and the needs of learners are incorporated into this new series.

The recently published "New Yonsei Korean" textbook series is comprised of six levels of vocabulary and grammar, speaking and writing, and listening and reading textbooks. "New Yonsei Korean Vocabulary and Grammar" textbook helps the Korean learners at each level in building and utilizing the key vocabulary words and grammatical concepts. "New Yonsei Korean Speaking and Writing" textbook focuses on speaking and writing exercises that enable learners to familiarize themselves with expressions that are essential for communication in Korean. "New Yonsei Korean Listening and Reading" textbook fosters 2 the comprehension skills appropriate for each level of the Korean language through listening and reading exercises. The three textbooks in each series can be used together as a package to help learners acquire balanced Korean language proficiency or may be used separately depending on the educational environment or individual learners' needs. Furthermore, an additional guidebook for the vocabulary and grammar textbook was provided to assist teachers with relatively less experiences.

Yonsei KLI will continue to dedicate time and energy to developing textbooks and teaching materials that can satisfy the needs and meet the expectations of Korean language learners around the world. Yonsei KLI hopes that this newly released textbook series will be of great help to numerous instructors both inside and outside of Korea doing their utmost to offer top-notch Korean language education and to all of the learners around the world striving to learn the Korean language.

The Yonsei University Institute of Language Research and Education

The Yonsei Korean Language Institute Textbook Compilation Committee

Introduction

01 This book, together with "New Yonsei Korean Language Vocabulary & Grammar 3" and "New Yonsei Korean language Speaking & Writing 3," is for intermediate-level Korean language learners.

02 This book focuses on developing students' comprehension so that intermediate-level Korean language learners can understand what they have read or heard in Korean.

03 This book consists of 20 lessons and each lesson is made up of two units, totaling 40 units in all. For every two lessons, there is a separate review unit, and the book contains a total of 10 review units with an introduction to Korean culture after every two units. Each unit consists of enough material for a 50-minute class, and the entire book contains 50 units total.

04 Each unit of the book consists of a title, learning objectives, and a three-step process, which includes a "Let's Prepare" segment, "Let's Read" ("Let's Listen") / "Let's Listen" ("Let's Read") segments, and a "Let's Organize" segment. All of the units in this comprehension book are comprised of integrated listening and reading exercises. Depending on the content and nature of the unit, the order of the listening and reading activities may vary.

05 Though the title of each lesson in this book is the same as the lesson titles of "New Yonsei Korean Language Vocabulary & Grammar 3," the title of the unit is a sentence from the contents of the unit that best represent the concept that is being taught. In addition, a QR code is included next to each title so that learners can easily listen to the audio.

06 The learning objectives are expressed in "can understand –" and "can understand ~ -related materials" format to clearly state the comprehension function of the lesson.

07 The "Let's Prepare" segment is an introduction to the unit and is a preparatory stage that helps learners understand the reading and listening contents of the unit. It consists of a visual representation that calls attention to the background knowledge pertaining to the theme and contents of the unit, as well as necessary vocabulary and activities. However, it is not just a simple lesson on vocabulary; the vocabulary list consists of words that are actually used in the sentence or within the context of the dialogue so that learners can further their understanding of the words that are being used through this comprehension book.

08 “Let’s Read” focuses on improving the communication skills of intermediate-level Korean language learners in their usage of literary expressions in every-day situations by introducing various materials. Students will read various forms of writings that they may come across in real-life situations, as well as in a social context, and work on exercises to comprehend the contents of what they have read.

09 “Let’s Listen” is formatted so that learners can improve their real-life communication skills by learning colloquial expressions. The listening passages begin with short conversations and then proceed on to longer discussions, showing a progressive increase in the difficulty level of the passage. The passages not only include real-life conversations, but formal discourse in the social context, including news, broadcasts, advertisements, economic information, and debates.

10 “Let’s Organize” is a segment that helps learners confirm and examine what they have learned and aims to strengthen students’ linguistic ability through an integrated learning method that incorporates other learning skills. This segment includes exercises where learners can integrate the contents of the speaking, listening, reading, and writing activities.

11 “Review” is composed of 2 parts: reading and listening, where learners can utilize the vocabulary, sentence pattern and contents of what they have learned in the preceding two lessons. Learners can focus on either listening or reading using what they have learned from each unit and use an integrated learning method to connect the other remaining skill through these exercises.

12 “Culture” is contained in the final portion of the Review Unit as a cultural text and illustration. Cultural contents that are appropriate for comprehension purposes were selected and included to introduce contents about Korean culture.

13 The Appendix includes translations of the reading passages, listening passage transcripts and translations, the answer key, and an index of vocabulary words.

Contents Map

Lesson	Unit	Learning Objectives	Grammar	Culture
Lesson 1 Introduction	<1> New student welcoming ceremony	To understand college events and class-related content	-기는요 -을 뿐이다	Korea's after party culture
	<2> New employee introduction	To understand content related to introduction of new employees and the workplace	-기 위해서 -는 편이다	
Lesson 2 School life	<1> Dorm life	To understand how to apply for a dormitory and learn about dormitory rules	-으려던 참이었다 -기만 하다	
	<2> Club activities	To understand how to apply for a club and learn about club activities	-어야지요 -어 보이다	
Lesson 3 Home	<1> Home I want to live in	To understand the characteristics of the home of my preference	-는다면 -어서 그런지	Korea's residential culture
	<2> Using a real estate agency	To understand the home descriptions provided by a real estate agent and content related to finding a new home	피동 -어 있다	
Lesson 4 Daily life	<1> Moving in	To understand how to use a moving company and learn about move-in preparations	-을지 -을지 -어 놓다	
	<2> How to throw out the trash	To understand content related to throwing out the trash	-는대요 아무	
Lesson 5 Food and cooking	<1> Mealtime etiquette	To understand the mealtime etiquette of Korea and other countries	-었더니 -잖아요	Korea's folk remedies
	<2> Introducing Korean food	To introduce Korean food and understand how it is cooked	-고 나서 -는다면서요?	
Lesson 6 Hospital	<1> Making a hospital appointment	To understand how to make a hospital appointment and use the hospital	-는데도 -기가 쉽다	
	<2> Conversation in the treatment room	To understand the symptoms of illnesses and learn about preventive measures	-을지도 모르다 -으려면2	

Lesson	Unit	Learning Objectives	Grammar	Culture
Lesson 7 Cultural pas-time	<1> Buying tickets online	To understand content related to buying a ticket online	-이라든가 -었을 것이다	A cultural space in Seoul
	<2> Impressions after watching a performance	To understand content related to someone's impression after watching a performance	-나 보다 -는다고 생각하다	
Lesson 8 Lifestyle hab-its	<1> Regimented life habits	To understand proper lifestyle habits for a healthy life	-는 대신에 -게 하다	
	<2> The right exercise for you	To understand recommendations of different types of exercise in varying situa-tions	-으면서도 -던데	
Lesson 9 Problem and solution	<1> Using the lost-and-found	To understand how to use the lost-and-found	-고서 -을 뻔하다	Phone number that is helpful to remember
	<2> Using the repair center	To understand content related to a prob-lematic situation and using a repair center	사동 -으니까2	
Lesson 10 Mistakes and apologies	<1> Mistake	To understand mistakes that can be made in various situations	-는다는 것이 -고 말다	
	<2> How to apologize	To understand the many ways to make an apology	-거든요 -을까 봐	

Contents

Lesson 1 Introduction

<1> New student welcoming ceremony

Lesson objective: To understand college events and class-related content

Vocabulary

학생회 **student association**	
행사 **event**	응원 **cheer**
오리엔테이션 **orientation**	정보 **information**
학과 **department**	게시판 **bulletin board**
재학생 **enrolled student**	과목 **subject**
이것저것 **a variety**	학년 **grade**
필수 **required**	글쓰기 **writing**

I. Let's Prepare

[Office for the Department of Business Administration] This is an announcement for all new students from the Office for the Department of Business Administration. The location of the orientation for this Friday has changed from Room 101 to Room 202. There has also been a change in the time, as well, from 1 p.m. to 1: 30 p.m. If you cannot attend, please contact the office.

II. Let's Listen

1.

학생회장: 신입생 여러분, 안녕하십니까? 저희 학생회에서는 신입생 여러분들에게 우리 학교의 학생 행사에 대해서 소개하려고 합니다. 먼저 5월에 큰 행사가 있는데요, 이 때 여러 동아리에서 공연도 하고 전시회도 엽니다. 또한 유명 가수들의 공연도 있어서 즐거운 시간을 보낼 수 있습니다. 9월에는 다른 대학교와 운동 경기가 있습니다. 축구, 야구, 농구 경기가 있으니까 신나게 응원도 하면서 재미있는 추억을 쌓을 수도 있습니다. 기대하셔도 좋습니다.

Student president: Hello, new students. The student association would like to introduce our school's events to you. First, there is a big event in May where many clubs will put on performances and exhibitions. Famous singers will also be invited to perform, so it will be an enjoyable event. In September, there will be a sports tournament with another university. There will be soccer, baseball, and basketball games, so you will be able to make many fun memories as you cheerfully support the athletes. Look forward to this event!

2.

가: 저, 오리엔테이션 장소가 101호 맞지요?

나: 장소가 바뀌었는데 문자 메시지 못 받았어요? 202호로 바뀌었어요. 학과 행사나 수업에 대한 정보는 항상 학과 게시판에 붙이니까 자주 확인하는 게 좋아요.

가: 오리엔테이션이 끝나면 다른 행사는 없나요?

나: 끝나면 신입생 환영회를 해요. 그 때 학과하고 교수님들을 소개한 후에 춤 동아리의 공연이 있을 거예요. 그리고 환영회가 끝나면 신입생, 재학생, 교수님들 모두 같이 뒤풀이를 하러 갈 거예요.

가: 그렇군요. 알려주셔서 감사합니다.

나: 감사하기는요. 제가 아는 걸 알려줬을 뿐인데요. 앞으로도 모르는 게 있으면 물어보세요.

A: Excuse me, is the orientation in Room 101?

B: There's been a location change. Haven't you received the text? It was changed to Room 202. Department activities and class information are always listed on the department bulletin board, so you should check it often.

A: Are there any other events after the orientation?

B: There will be a new student welcoming ceremony. Departments and professors will be introduced and the dance club will put on a performance. After the welcoming ceremony, new students, enrolled students, and professors will all go for an after party.

A: Oh, I see. Thank you for letting me know.

B: Don't mention it. I just shared what I know. If there's anything you don't know, feel free to ask.

3-5.

가: 저, 제가 다음 학기에 무슨 과목을 신청할지 아직 결정하지 못했는데요. 좀 도와주시겠어요?

나: 1학년 때엔 이것저것 들어보는 게 좋지. 어떤 과목에 관심이 있는데?

가: 한국말로 수업을 듣는 게 아직 어려워서요. 외국인도 쉽게 이해할 수 있는 과목을 듣고 싶어요.

나: 그럼 선택 과목 중에서 김현수 교수님의 '한국 문화의 이해'를 들어 봐. 나도 1학년 때 들었었는데 아주 재미있었어. 교수님께서 쉽게 설명하셔서 외국 학생들도 잘 이해하는 것 같았어.

가: 아, 그럼 그 수업을 들어야겠어요! 참, 그리고 졸업하려면 꼭 들어야 하는 필수 과목이 있다고 들었는데요.

나: 응, 우리 학교에서는 졸업하려면 영어 과목 두 개를 꼭 들어야 하고, 글쓰기 수업도 한 과목 들어야 해.

가: 저는 그럼 이번 학기에 선배님이 말씀하신 그 문화 수업하고 영어하고 글쓰기 수업을 들어야겠어요.

나: 참, 선택 과목으로 수영이나 테니스 같은 운동도 있어. 이런 과목을 들으면 한국 학생들하고 어울리면서 운동도 배울 수 있을 거야.

가: 저는 운동을 좋아하는데 재미있겠어요! 그럼 테니스를 해야겠어요.

나: 나도 이번에 테니스 수업을 들으니까 수업 시간에 우리 만날 수도 있겠네.

A: I still haven't decided on which subjects to take for the next semester. Could you help me, Senior?

B: It's good to take a variety of classes in your freshmen year. What subjects interest you?

A: I still find it difficult taking classes in Korean. I'd like to sign up for a subject that is easy for foreigners to understand.

B: Among the elective class choices, try taking Professor Hyunsu Kim's "Understanding Korean Culture" class. I've taken that class during my freshmen year and it was very fun. The professor explains everything clearly so it is easy for foreigners to understand, too.

A: Ah, then I should take that class! Oh, I also heard that there's a compulsory class that I need to take in order to graduate.

B: Yes. At our school, we need to take two English courses to graduate, and a writing class, too.

A: Then, I'll take the Korean Culture class that you've recommended, as well as the English courses, and a writing class.

B: Oh, and there are sports electives like swimming or tennis, too. If you take these classes, you can meet with Korean students and learn the sport, too.

A: I like sports, so it'll be fun! I think I'll take tennis.

B: I'm taking tennis too this semester. Maybe we'll be in the same class.

<2> New employee introduction

Lesson objective: To understand content related to introduction of new employees and the workplace

Vocabulary

면접 interview	성적 grade
실력 skill	뛰어나다 to be excellent
분위기 atmosphere	부서 division
알리다 to inform	자동 automatic
꺼지다 to be turned off	개인 생활 personal life
회식 dining together	휴게실 lounge

I. Let's Prepare

가: 안녕하십니까? 과장님. 처음 뵙겠습니다. 신입사원 김철수입니다.

나: 김철수 씨, 환영해요. 입사 시험 성적이 정말 좋았다고 들었는데, 다른 회사에 가지 않고 우리 회사에 온 특별한 이유가 있나요?

가: 우리 회사는 사원들 한 명 한 명의 능력을 중요하게 생각한다고 들었습니다. 회사에서 서로 이름을 부르면서 편하게 대화를 하기 때문에 누구나 광고 아이디어를 자유롭게 낼 수 있다고 들었고요. 이런 분위기 속에서 제가 만들고 싶은 광고 디자인을 마음껏 할 수 있을 것 같은 생각이 들었습니다. 실력이 뛰어난 분들이 많이 계시는 만큼 배울 수 있는 것도 많을 것 같아서 기대가 아주 큽니다.

나: 그렇군요. 우리 부서에서는 실력도 실력이지만 사람들과 잘 지내는 사람이 필요한데 잘 할 수 있겠어요?

가: 네, 저는 사람들과 쉽게 가까워지는 성격이고 새로운 일도 빨리 배우는 편입니다.

나: 잘 됐네요. 앞으로 잘 부탁해요.

A: Hello, Director. It's nice to meet you. I'm Chulsoo Kim, the new employee.

B: Welcome, Mr. Kim. I heard that your scores on the company hiring exam were excellent. Are there any particular reasons you chose our company over others?

A: I heard our company values the abilities of each and every employee. I also heard that everyone can freely talk about their advertisement ideas because they talk to each other comfortably while addressing one another by their names. Under such atmosphere, I thought it would be possible that I do advertisement designs that I want to create as much as I want. Given there are a lot of skilled people here, I believe there are as much things for me to learn, so my expectations are very high.

B: I see. In our division, skills are skills, but we need people who can get along well with others. Are you up to it?

A: Yes, I don't have a hard time getting acquainted with people and I'm a pretty fast learner.

B: That's great. I look forward to working with you.

II. Let's Read

Nice to meet you. I'm the new employee.

Q. Please introduce yourself.

A. Hello, my name is Jisu Kim and I'm a new employee. I majored in Advertisement. I am very happy to start my career at this company since I've been wanting to work here since I was in college. Though I'm still getting used to the job, I will do my best and learn.

Q. What kind of work are you doing?

A. I am working as part of the advertisement team, promoting games that our company created to the mass public. Among all the games of our company, we have a lot of games where children and parents can enjoy together. Therefore, I think it is important to display the happiness when families gather and spend time together even in our advertisements. Recently, ideas for the 'Family Game Competition' are presented so further preparations should be scheduled to launch soon.

Q. What do you like about the company?

A. There are many good things about our company, especially when employees work without getting stressed. Our company allows employees to set their own work hours. When it's 7pm, computers are automatically turned off. After dinner time and during weekends, our company doesn't send work-related text messages to our employees. That's why employees are able to enjoy their personal lives comfortably.

Q. How do you envision yourself in five years?
A. I hope to be an advertisement professional in this company in five years' time. Therefore, I want to strive for promoting our company's unique characteristics to a lot of people.

Lesson 2 School life

<1> School life

Lesson objective: To understand how to apply for a dormitory and learn about dormitory rules

Vocabulary

자격 **qualification**	갖추다 **to have**
안내문 **instruction**	궁금하다 **to be curious**
의논하다 **to discuss**	일정 **schedule**
상담 **consultation**	금지되다 **to be banned**
로비 **lobby**	커피포트 **coffee pot**
다리미 **iron**	규칙 **rules**

I. Let's Prepare

<Qualification and methods to apply for Hanguk University Dormitory>

Hello everyone. On hot and rainy days like these days, doesn't it make you think 'Ah. I wish I was living in a dormitory'? For students who wish to live in a dormitory, I will inform you of the qualifications and methods on how to apply for it. Students who wish to apply for a dormitory must meet the following qualifications.
Firstly, student must be an enrolled student at our University.
Secondly, students whose parents live outside Seoul or are foreign students.
IF you wish to apply for a dormitory, please check dormitory homepage for instructions. Please check the application period and you must apply within the period. Once you receive the result as a successful applicant, please submit all required documents. Then you can pay the dormitory fees.
Even in the future, we hope that many students will enjoy living in our dormitory, where we accommodate a variety of convenient facilities.
Hanguk University Student Reporter HyunJoo Lee

II. Let's Listen

1.

가: 기숙사 방에 대해서 궁금한 게 있어서 전화 드렸는데요, 혹시 혼자서 쓸 수 있는 방이 있어요?
나: 네, 방은 일 인실, 이 인실이 있기 때문에 원하는 방을 선택할 수 있습니다.
가: 그렇군요. 방에 가구는 있나요? 침대도 있어요?
나: 네, 방에는 책상, 침대, 책장 같은 기본적인 가구가 준비되어 있고 작은 냉장고도 한 대 있습니다. 일 인실에는 샤워실도 있습니다.
가: 그래요? 참, 텔레비전도 있어요? 그리고 기숙사 방에서 무선 인터넷은 되겠지요?
나: 인터넷은 사용하실 수 있는데, 텔레비전은 없습니다. 1층에 있는 세탁실과 부엌은 다른 학생들과 같이 사용해야 합니다.

A: I called because there is something I want to know regarding the dormitory rooms. Do you have any single occupancy rooms?
B: Yes, there are single rooms and double rooms so you can choose the room as you wish.
A: Oh, I see. Are there furniture in the room? Is there a bed in the room?
B: Yes, the room is furnished with basic furniture, such as a desk, bed, and bookshelf. There's even a small refrigerator. The single room also accommodates a shower room.
A: Oh really? Does the room also have a TV? Does the wireless Internet work in the dormitory room?
B: You can use the Internet but there is no TV. You will also need to share the laundry room and kitchen that is located on the 1st floor with other students.

2.

가: 다음 학기 기숙사 신청을 하려고 하는데 어떻게 하는 건지 알아?
나: 나도 기숙사 신청 때문에 너하고 의논하려던 참이었는데 내 노트북으로 같이 찾아보자. 여기가 홈페이지 맞지?
가: 응, 저 위에 기숙사 신청 일정이라고 되어 있다. 거기로 들어가기만 하면 알 수 있겠다.
나: 알았어. 어, 그런데 지금은 신청 기간이 지났네...
가: 그럼 어떻게 하지?
나: 사무실에서 학교 근처의 하숙집 정보를 알려 준다고 하는데 한번 같이 가서 상담 받아 볼래?
가: 그래? 그럼 이따가 같이 가 보자.
나: 그래, 그러자. 기숙사 신청은 끝났으니까 좋은 하숙집을 찾을 수 있었으면 좋겠다.
가: 응, 나도 그랬으면 좋겠어.

A: I want to apply for a dormitory for the next semester. Do you know how to apply for the dormitory?
B: I was just about to discuss this with you since I was going to apply for the dormitory, too. Let's search together using my laptop. (Keyboard sounds) This is the website, right?
A: Yes, it says dormitory application schedule on the top. We will find out if we go into that page.
B: Okay. But it's past the application deadline...

A: Then what should we do?

B: I think I heard that the office shares information about boarding houses near the school. Do you want to go with me for a consultation?

A: Really? Then let's go together later.

B: Okay, let's do that. There's nothing we can do about the dormitory application since registrations are over, but I hope we'll be able to find a good boarding house.

A: Yes, I hope so, too.

3-5.

가: 관리실에서 말씀 드립니다. 기숙사는 여러 학생들이 함께 사용하는 공간인 만큼 서로가 불편하지 않도록 주의해 주시기 바랍니다. 기숙사에서는 술과 담배가 금지되어 있습니다. 밤 12시가 지나면 기숙사 문을 닫기 때문에 12시까지는 꼭 들어 와야 합니다. 청소는 로비에 있는 청소기를 이용하여 직접 해야 합니다. 안전을 위해서 방 안에서 전기밥솥, 커피포트, 다리미는 사용할 수 없습니다. 기숙사에 손님이 올 경우 미리 사무실에 이야기해 주십시오. 사무실 선생님께 미리 이야기하지 않고 손님이 기숙사 방에 들어가면 안 됩니다. 그리고 갑자기 환자가 생기거나 약이 필요할 때는 학생회관 2층에 있는 건강센터를 이용하시기 바랍니다. 그 외에 생활을 하면서 불편한 점이나 문제가 생겼을 때에는 언제든지 기숙사 관리실로 연락해 주시기 바랍니다. 모든 학생은 지금 말씀 드린 기숙사 규칙을 꼭 지켜야 하고 규칙을 지키지 않을 경우에는 기숙사에서 지낼 수 없습니다. 이 때 기숙사비도 돌려받을 수 없습니다. 모두 규칙을 잘 지켜서 즐거운 기숙사 생활을 하시기 바랍니다. 감사합니다.

A: An announcement from the maintenance office. As long as the dormitory is a shared space among a lot of students, please be careful not to make each other uncomfortable. No smoking is permitted in the dormitory and alcohol is also banned. Dormitory doors are closed past midnight, so you must come back before then. Dorm residents must clean the dormitory using the vacuum prepared in the lobby. For your safety, you are not allowed to use electric rice cookers, coffee pots, and irons in the room. If you plan to have guests over, please let the office know in advance. Without prior notice, guests will not be able to go into the dorm rooms. Also, if all of a sudden you feel sick or need medication, please make use of the health center on the second floor of the student center. Other than that, if you feel uncomfortable or experience any problems while living in the dormitory, you can contact the dormitory maintenance office at any time. All students must abide by the dorm rules. In the event that students do not keep the rules, they will not be able to stay in the dormitories and the dormitory fee will not be returned. We hope that all students will abide by these rules and have a happy dormitory experience. Thank you.

<2> Applying for membership in a school club

Lesson objective: To understand how to apply for a club and learn about club activities

Vocabulary

가입하다 to join	하나하나 one by one
공부방 study room	이용하다 to use
체육 대회 sports competition	
전체 whole	인생 life

I. Let's Prepare

가: 안녕하세요? 동아리에 관심이 있어서 왔는데요. 전공자가 아니어도 들어갈 수 있을까요? 좀 어려워 보여서요.

나: 걱정하지 마세요. 저도 전공은 피아노예요. 국악에 관심이 있고 열심히 활동할 마음만 있다면 누구나 국악 동아리에 들어올 수 있어요. 국악을 좋아하시면 꼭 가입하셔야지요.

가: 어렸을 때부터 관심이 많았는데 배울 기회가 없었어요. 그런데 우리 학교에 국악 동아리가 있다는 걸 알고 너무 좋았어요.

나: 우리 학교 국악과 학생들이 선생님이 되어서 아주 쉬운 것부터 하나하나 가르쳐 주고 있으니까 재미있게 배우면서 활동할 수 있을 거예요.

A: Hello. I came because I'm interested in the club. Can I join the club even if it's not my major? It looks a bit hard.

B: Don't worry. My major is piano, too. If you're interested in Korean traditional music and have the heart to work hard for club activities, anyone can join the club. If you like Korean traditional music, you need to join.

A: I have been interested in it since I was young, but I never had the chance to learn it. But I was very happy to know that our school has a Korean traditional music club.

B: The students of our Korean traditional music department are the club teachers. They will teach you one by one, starting from the easiest ones so you will be able to learn in a fun way and take part in the activities.

II. Let's Read

We're waiting for you, who has a warm heart, at our 'Sonagi' club where we share love!

The name of our club *Sonagi* has the meaning of "to share happiness without a sound". Our club is a club where various college students across the city of Seoul join together, and we teach elementary school children in the study room for free.
Our club is open to anyone who loves children and enjoys teaching. On the first and third Mondays and Wednesdays of every month, we teach

children on their studies. We normally teach them Math and English but we teach while playing so the children love it very much. Also, on the second and fourth Fridays, we spend a wonderful time with the children while playing fun games together.
On the first Saturday of every month, we gather at the University sports field and have a sports competition with the children. We spend a good time playing sports like basketball and soccer together and we even have pizza parties afterwards.
After the study meeting, an after party will be held by the club members, and not only they will share their opinions on club activities, they will also share conversations on various topics regarding their college life. Twice a year, on the last Saturdays of March and September, there will be an entire club meeting, where you will spend a good time at the 2 days 1 night trip.
As much as our club having 30 years of history, there are a lot of good seniors here and we meet up with the seniors very often. You can also gain a lot of information from seniors who have a diverse background of occupation and learn from their life experiences.
Please come to our club room where we provide all you need, including air conditioning and computers...etc. You will be able to meet new friends, gain various experiences while having a meaningful college life in our club.
If you have any questions, please contact the club president Haneul Jeong by text (010-1588-0100). I hope you're all interested!

Review(Lessons 1-2)

Vocabulary

진짜 **truly**
천재 **genius**
깊이 **deeply**
배움 **learning**
잘살다 **to be rich**

I. Read the following passage and answer the questions.

You can study without going to school

What do you think "studying" is? Can we only study at school? What studies will truly be of help to us? This is what Jinyeong Kim(20) who has never gone to school says, "True study is asking yourself questions and being able to answer them."
The guest we'll be introducing today in 'About People' is Jinyeong Kim who just turned 20 years-old this year. Jinyeong Kim, who has never attended school, is able to speak English and French and travels around the world with just a violin in her hands. Jinyeong considers the world as her school, where she learns from all experiences on what she sees and listens.
Jinyeong never attended school even for a day, but she tries to see, hear, and feel more than the average students who attended school. Behind Jinyeong are her parents who trusted Jinyeong and who waited for her. At first, Jinyeong's parents taught her at home, but at 8, she began to study on her own. At 15, she wrote; at 17, she traveled to Europe by herself; and at 20, she wrote her own book and held a book concert.
Jinyeong is neither a genius nor from a wealthy family. She just considered all the people she met in books, through her travels, and in the world as her teacher. Her hard work and effort have made Jinyeong into the person she is today.
At the book concert, Jinyeong Kim hopes to speak about the story behind her book "True school." She hopes this will be a good time to share about the time she spent truly studying and her experiences with the readers of her book.
What is true study to you? I hope all of us can take the time to truly consider what true studies are.

Korea's after party culture

What do you do when you finish your work or a meeting and feel wistful at having to say farewell so soon? In Korea, in these cases, there is usually an after party. After a new student orientation, the completion of a company project, a graduation or new student enrollment ceremony, people gather for an after party to have fun and catch up. Many after parties are accompanied by food and alcohol. These days, after parties have become much more varied: people go to karaokes or PC rooms or even to watch a movie or performance to release stress. Try saying "Let's have an after party" after preparing for a presentation with your friends or holding a meeting. By attending an after party, while chatting with your friends, you will be able to grow even closer to them.

Lesson 3 Home

<1> Home I want to live in

Lesson objective: To understand the characteristics of the home of my preference

Vocabulary

째 **-th**
최신식 **newest style**
장점 **strength**
공사 **construction**
느끼다 **to feel**
마루 **floor**

바라보다 to look at
감상문 (book) report
특징 characteristics
마지막 the last
기행문 travel essay

I. Let's Prepare

유키: 리타오, 넌 나중에 어떤 집에서 살고 싶어?
리타오: 난 정원하고 수영장이 있는 단독 주택에서 살고 싶어. 정원에서 개도 키우고 수영하고 싶을 때는 언제든지 수영도 하고 싶어. 그리고 1층보다는 2층도 있는 집이라면 좋겠다. 지금 원룸에서 살고 있는데 너무 좁아서 그런지 답답해. 너는 지금 살고 있는 아파트가 좋다고 했지?
유키: 응, 나는 나중에도 이런 아파트에서 살고 싶어. 일본에 있는 우리 집이 단독 주택인데 집을 관리하는 게 쉬운 일이 아니어서 관리가 쉬운 곳에서 살고 싶어. 그리고 낮은 층보다는 높은 층에서 살고 싶어. 낮은 층에서 살면 밖에서 나는 소리가 다 들릴 것 같아.
리타오: 하하. 우리가 원하는 집은 참 다르구나. 나중에 우리 집에 초대할 테니까 놀러 와.

Yuki: Letao, what kind of house do you want to live in in the future?

Letao: I want to live in a house with a yard and a pool. I want to raise a dog in the yard and go swimming whenever I feel like it. Also, instead of a single-story house, I hope it were two stories. I live in a studio now and because the room is small, it's so cramped. Didn't you say you like the apartment that you are living right now?

Yuki: Yes, I want to live in such apartment even in the future. Our house in Japan is a house and it's not easy maintaining it. So I want to live in a home that is easy to maintain. I also want to live in a higher story than a lower story home since you can hear all of the sounds from the surrounding areas if you live on the lower floors.

Letao: Haha. The homes we want are so different. When I live in that kind of home, I'll invite you, so come over.

II. Let's Read

"I am living in a *hanok* (Korean traditional style home) because I like the beauty of this style. The four seasons of *hanok* are very beautiful."
This is the response of James Brown (aged 38), an American who has been living in Korea for seven years now, to the question by the reporter on how he came to live in a *hanok*.
"At first, I didn't intend to live in a *hanok*. But one day, I was invited to a friend's home and his house happened to be a *hanok*. *Hanoks* are very different from Western homes and I loved its ambience."
Afterwards, James Brown moved into a *hanok* and redid the interior, renovating the kitchen and bathroom into the newest style.
"After moving to a *hanok*, I had a housewarming party and they said that the home was better than they had imagined and more convenient, too. I think perhaps they thought a *hanok* would be uncomfortable to live in because it is an old-style home. They even said that the garden where you can feel the seasons is truly beautiful."
The reporter asked Brown to share one merit of *hanok* and James Brown took a moment to think before responding.
"There are too many merits of *hanok* but I especially like the *maru* (Wide wooden floor area). The floor that is made of *maru* is very cool so there is no need for air-conditioning in Summer. Also, the garden is very nice, too. If you sit on the *maru* and look out to the garden, you can feel the four seasons just as they are, almost as if you are in the woods. Not to mention the nice ambience when it rains or snows."
The last word of James Brown, who knows the merits of *hanok* better than Koreans, were memorable even for a Korean reporter.
"Living in a *hanok* is neither hard nor uncomfortable. After living in a *hanok*, I've come to love *hanoks* even more. I wish more Koreans would love *hanoks* and live in *hanoks* just like me."

<2> Using a real estate agency

Lesson objective: To understand the home descriptions provided by a real estate agent and content related to finding a new home

Vocabulary

오래되다 to be old
사이트 website
남향 facing south
햇빛 sunlight
냉방 air-conditioning
난방 heating
통하다 to have circulation
당장 immediately
가능하다 to be possible

I. Let's Prepare

I am a student at the Hanguk University. I am currently looking for a house to live in. It would be great if the transportation is convenient and if the room is a little bigger. It's alright even if the building is a bit old or if the rent is a bit expensive. However, more than anything else, it would be nice if it were convenient to walk to school.

II. Let's Listen

1.
가: 어서 오세요. 어떤 집을 찾으세요?

나: 지하철역에서 가까운 오피스텔 있습니까? 아파트도 괜찮고요. 여름하고 겨울에 냉난방이 잘 되고 조용하면 좋겠는데요.
가: 몇 분이 사실 거예요?
나: 저 혼자 지낼 거니까 방은 하나나 두 개면 됩니다.
가: 원룸도 괜찮으시면 마침 그런 집이 있어요. 한강이 보이는 곳이어서 경치도 좋아요. 지금 비어 있어서 바로 이사할 수도 있고요.
나: 저도 빨리 이사하고 싶은데 잘됐습니다. 집만 괜찮으면 오늘이라도 계약하고 싶네요.
가: 그럼 저하고 지금 보러 가실래요? 여기에서 걸어서 10분 거리예요.
나: 네, 좋습니다.

A: Welcome. What kind of house are you looking for?

B: Are there any studio apartments nearby that are close to the subway station? Apartments are fine, too. It would be great if the air-conditioning and heating systems work well during Summer and Winter and that it is in a quiet neighborhood.

A: How many people will be living there?

B: I will be living alone so one or two rooms would do.

A: If you are fine with a one-room apartment, there's actually a place like that. The view is good, you can even see the Han River. The room is empty now so you can move it right away.

B: That's great. I wanted to move in as soon as possible too. If the house is alright, I would even want to sign the contract today.

A: Then, would you like to go and see the place with me right now? It's 10 minutes by foot from here.

B: Sure, sounds good.

2.

리타오: 윤아 씨, 얼마 전에 이사했지요? 집은 마음에 들어요?
윤아: 네, 마음에 들어요. 예전에 살던 집보다 학교에서 가까워서 더 편해졌어요.
리타오: 집은 어떻게 구하셨어요? 저도 곧 기숙사에서 나와야 하는데 이사할 집을 어디에서 찾아야 하는지 잘 모르겠어요.
윤아: 인터넷에 부동산 소개소 사이트가 많이 있어요. 거기에서 적당한 집을 찾은 후에 그 집 근처 부동산 소개소를 직접 방문했어요.
리타오: 그렇군요. 제가 이사가 처음이어서 모르는 것이 너무 많아요.
여자: 그럼 부동산 소개소에 갈 때 저하고 같이 가요. 제가 이사해 봤으니까 도움이 될 거예요.

Letao: Yuna, you moved recently, right? Do you like the house?

Yuna: Yes, I like it. It's more convenient since it's closer to the school than the place I used to live.

Letao: How did you find it? I need to move out of the dorm soon, too, but I don't know where to find a house to move in.

Yuna: There are a lot of real estate agency websites online. I took a look and found an appropriate place online, and then visited a real estate agency that was close to the house.

Letao: I see. There's so much I don't know since this is my first time moving.

Woman: Then why don't I go with you to the real estate agency? I can be of help since I've moved before.

3-5.

가: 집을 직접 보시니까 어떠세요? 사진으로만 보시는 것보다 훨씬 좋지요?
나: 네, 사진으로 보는 것보다 좋네요.
가: 냉장고나 세탁기, 침대 같은 생활에 필요한 것은 집에 거의 갖추어져 있으니까 이사할 때 가지고 오지 않으셔도 돼요.
나: 그거 좋네요. 그렇지 않아도 새 것을 사려고 했어요.
가: 남향이어서 창문으로 햇빛도 잘 들어오고, 냉방이나 난방도 문제없이 잘 사용하실 수 있을 거예요.
나: 저는 집에서 일하는 시간이 많아서 조용한 집을 원하는데 시끄럽지는 않을까요? 아까 엘리베이터에서 보니까 아이들이 많이 있는 것 같던데요.
가: 전에 이 집에 살던 분들한테 시끄럽다는 이야기는 듣지 못했어요.
나: 그렇군요. 여름에 바람은 잘 통하나요?
가: 지금 창문이 열려 있는데 어떠세요? 시원하시죠?
나: 네, 괜찮을 것 같네요. 오늘 바로 계약할 수 있나요?
가: 가능해요. 저희 부동산에 가셔서 집 주인과 계약서를 쓰시고 계약금을 내면 됩니다. 계약하실 때 신분증하고 도장이 필요하고요.
나: 그럼 오늘 이 집을 계약할게요. 그런데 제가 당장 이번 달에 이사하기는 어렵고, 다음 달에 이사하고 싶은데 가능할까요?
가: 그건 집 주인하고 이야기를 해 보셔야 할 거예요.

A: How does the place look? Isn't it much better than seeing it through pictures?

B: Yes, I think it looks much better than in the pictures.

A: The house comes furnished with the basic necessities like refrigerator, washing machine, and bed. So you won't need to bring them when you move.

B: That's nice. I was actually thinking of buying new furnitures.

A: Since the house is facing south, plenty of sunlight comes through the window. And you won't have problems with the air-conditioning or heating systems, either.

B: I spend a lot of time working at home so I prefer it to be quiet. Will it be noisy? I noticed in the elevator that there seemed to have quite a lot of children here.

A: The previous residents never mentioned that it was noisy.

B: I see. Does the breeze blow through the house in the summer?

A: The window is open right now. How does it feel? Isn't it cool?

B: Yes, I think it'll be all right. Can we write up the contract today?

A: Yes, it's possible. You can write up the contract with the homeowner at our real estate agency and then pay the down payment. You'll need a form of identification and a name seal for the contract.

B: Then I'll sign the contract for the house today. But it's hard for me to move in this month. I would like to move in next month. Would that be possible?

A: You'll need to discuss that with the homeowner.

Lesson 4 Daily life

<1> Moving in

Lesson objective: To understand how to use a moving company and learn about move-in preparations

Vocabulary

이사하다 to move
이삿짐센터 moving company
포장 이사 packing and moving service
짐 goods or luggage　　싸다 to pack
챙기다 to take care of　　비용 fee
들다 to cost

I. Let's Prepare

Q & A

1. Q How much do I need to pay when setting up an appointment with a moving company?
A You must pay 10% of the total moving fee.
2. Q During the move, what do I do with the company employees' lunch?
A Meal expenses are included in the total moving fee, so there is no need for you to provide lunch seperately.
3. Q Do I need to be present during the move?
A It is better for you to be present. It is very helpful for the homeowner to be nearby when deciding on the layout of the furniture.

II. Let's Listen

1.

가: 책상은 어디에 놓을까요?
나: 거기 창문 옆으로 놓아 주세요. 벽에 붙여 놔 주세요.
가: 화분은 어디에 놓을까요?
나: 작은 거는 책상 위에 올려 놓으세요. 큰 화분은 그림 바로 앞에 놔 주세요.

A: Where would you like the desk to go?

B: Please put it next to that window. Against the wall, please.

A: Where would you like these plants?

B: The small one goes on the desk. You can put the big one right in front of the picture.

2.

가: 이삿날이 얼마 안 남았네.
나: 응, 다음 주 토요일이야. 그런데 이 옷장을 버리고 갈지 가지고 갈지 아직도 결정하지 못했어.
가: 아직 쓸 수 있을 것 같은데, 왜?
나: 새로 이사할 방이 지금 사는 방보다 좀 좁아서. 그런데 옷이 너무 많아서 옷장을 안 가지고 가면 옷을 넣을 곳이 없어.
가: 그렇구나. 그러면 진짜 고민이 되겠다.

A: Move-in day is right around the corner.

B: Yes, it's next Saturday. But I still haven't decided whether to throw out this closet or take it with me.

A: It looks like you could still use it. Why?

B: The room I'm moving into is smaller than the one I'm living in. But I have so many clothes that if I leave the closet, I have nowhere to put my clothes.

A: I see. That's quite a dilemma.

3-5.

가: 이사는 어떻게 하기로 했어? 포장 이사할 거야?
나: 포장 이사는 비싸서 내가 직접 짐을 쌀 예정이야.
가: 그래? 그럼 내 차를 빌려줄까? 내 차가 좀 크니까 큰 가구도 옮길 수 있을 거야.
나: 그렇게 해 주면 정말 편하겠다. 고마워.
가: 고맙기는. 다른 거 챙길 거는 없어?
나: 이사하는 날 강아지를 데리고 있어야 할지 다른 사람에게 부탁해야 할지 모르겠는데 어떻게 하면 좋을까?
가: 강아지 밥도 줘야 되고 화장실도 데리고 가야 되는데 이사할 때 데리고 있기는 힘들 거야. 내가 데리고 있을게.
나: 그렇게 해 줄래? 정말 고마워. 이사하는 날 할 일이 정말 많아. 인터넷 서비스도 이사할 집으로 옮겨 달라고 신청해야 하고, 지금 사는 집에서 사용한 가스나 전기 요금도 내야 해.
가: 그럴 거야. 이사가 보통 일이 아니잖아. 그럼 이사하기 전에 연락해. 강아지를 데리러 갈게. 참, 이사할 집 청소도 미리 해 놓는 게 좋아.
나: 응. 그렇지 않아도 오늘 가서 청소해 놓으려고 해. 그럼 이사하기 전날에 전화할게.

A: Did you decide on how to move? Will you be using the packing and moving service?

B: That service is too pricey, so I plan on packing up all my belongings myself.

A: Is that so? Then should I lend you my car? My car is quite big so it should be able to carry big furniture, too.

B: It would be very convenient if you do so. Thank you.

A: No problem. Anything else you need to take care

of?

B: On the day of the move, I don't know whether to bring my puppy with me or to ask somebody to take care of it. What should I do?

A: I think it'll be hard for you to keep the puppy with you on the day of the move, since you'll need to feed it and clean up after it. I'll take care of it.

B: Would you really? Thanks so much. There's so much to do on move-in day. I need to apply for a reconnection of the Internet service to my new house and pay the gas and electric bill from my previous house.

A: I'm sure. Moving is no joke. Then call me before you move. I'll go to pick up your puppy. Oh, and it's better to clean the house you'll be moving into in advance.

B: Yes. I was actually going to go and do some cleaning today. Then I'll call you on the day before the move.

<2> How to throw out the trash

Lesson objective: To understand content related to throwing out the trash

Vocabulary

재활용 쓰레기 recyclable waste
왕자 prince
환경 environment
버리다 to throw away
일반 쓰레기 (non-food) trash
종량제 봉투 standard plastic trash bag
껍질 skin or peel
벌금 fine
덕분에 thanks to

I. Let's Prepare

가: 관리사무소에 쓰레기를 어떻게 버리면 되는지 물어 봤어?

나: 응, 일반 쓰레기는 일반 쓰레기 종량제 봉투에 담아서 버리고 음식물 쓰레기는 음식물 쓰레기 종량제 봉투에 담아서 버려야 한대.

가: 아무 때나 버려도 된대?

나: 저녁 5시부터 12시 사이에 버려야 한대. 일반 쓰레기는 월요일하고 목요일에 버리고 음식물 쓰레기는 수요일하고 토요일에 버릴 수 있대. 그리고 재활용 쓰레기는 아무 때나 재활용 쓰레기통에 넣으면 된대.

A: Did you ask the maintenance office how you need to throw out the trash?

B: Yes. For non-food trash, they must be placed in standard plastic trash bags before throwing them away and for food trash, they must be placed in food plastic trash bags before throwing them away.

A: Is it okay to throw out the trash at any time?

B: You must throw out the trash at night between 5 p.m. and 12 a.m. Non-food trash can be thrown away on Mondays and Thursdays while food trash can be thrown away on Wednesdays and Saturdays. Also, recyclable trash can be put in the recyclable trash bins at any time.

II. Let's Read

Hi I'm Anna from Russia. It's been 2 years since I came to Korea, but I'm currently living in Daegu, which is famous for their delicious apples.
I've watched a lot of Korean dramas since I was young. All men in Korean dramas are like handsome princes, they are all very good-looking. Also, they would help beautiful women living under difficult environment and even fall in love with them. Watching these dramas, I dreamed of having a happy life in Korea.
I met my current husband who came to study in Russia and then came to Korea as soon as we got married last year. My husband isn't as handsome as those men in Korean dramas, but he has very bright and warm smile.
Although I find life in Korea difficult because I'm not good at Korean, there are a lot more times when I feel worse because of the culture that is different from my hometown. At first, even throwing away garbage wasn't easy for me. I didn't know which day of the week I should throw away the garbage, I even paid a fine for putting fruit skins in a non-food trash standard plastic trash bag when throwing them away. I also misplaced the recyclables in other bins. One day, a lady who saw me acting like this took the garbage that I brought and placed them one by one in the bin while telling me what to do. Thanks to that lady, I became familiar with throwing away food trash, non-food trash and recyclables since then.
However, I recently moved to an apartment in a different neighborhood and I made a mistake again. The designated day of the week to throw away garbage here is different from where I used to live, and food trash are thrown into the food trash bins directly, without being placed in a food trash plastic trash bag. The management officer gave me a handbook on the information on throwing away garbage while kindly explained to me.
I learn something new every day. However, it's not stress but joy. It's because just like my Korean skills are improving, my knowledge on life in Korea is also building up, too. I would like to tell this to all foreigner friends who have left their hometowns to live in Korea, just like me. Since it's a life that we chose because we love new things, let's live with a joyful heart.

Review (Lessons 3~4)

Vocabulary

수선하다 to repair | 재사용 reuse
시민 citizen | 장터 marketplace
팔리다 to be sold | 자신 oneself

I. Read the following passage and answer the questions.

Do you know the "Beautiful Store?" It is a store that was started by a group of people who wanted to create a clean, natural environment by reusing old products as secondhand goods. This store was created after Oxfam, a confederation in the UK that sells donated secondhand products, and uses their profit to help those in need.
The store takes products that have been donated, repairs them then resells them again in the store. With the profits, it also carries out civic movements like "Beautiful Saturday," "Beautiful Apartment," "Beautiful Sharing School," and "Moving Store" to raise awareness on reusing goods and the culture of sharing. It also holds a "Beautiful Marketplace" monthly in Seoul.
Normally people would think that products that have been used by others wouldn't be clean or that it's out of fashion, or have problems. But if you visit the Beautiful Store, your thoughts will change. Many products are donated because people think, "Even though I don't need this, I'm sure others might. I hope someone else can use this." And these products find their rightful owner, are sold, and live a second life. Many people come to the Beautiful Store, buy products they need at a cheaper price, and go home happy.
People who donate their products to the Beautiful Store are happy when thinking that the products they give away are the joy of others. Why don't you find the clothes and bags that are sleeping in your closet, books that you think you'll never read again and things you don't even remember when you bought them, and put them in a box, too. Just one call, and our Beautiful Foundation will come right away to collect your items.
Why don't you make a donation to the Beautiful Store today and become a beautiful person?

Korea's residential culture

There are many apartment buildings near the Han River, which cuts through the center of Seoul. But when you look closely at the apartments, you'll find that the front of the houses is all facing south. Korean people like south-facing homes. This is because for south-facing homes where windows at the front of the houses are facing south, less sunlight comes into the home during summer, so it is less hot, while during winter, sunlight enters the house for a longer period of time throughout the day, making it less cold. When houses are built in Korea, they follow the principle of *Baesanimsu*, which literally means that the ideal house is built with a mountain or hills behind it and a waterway, like a river, in the front. Also, if the house has a mountain to the north and a river to the south, in the winter, it can block the northwestern winds and let in the southeastern winds in the summer. For this reason, it is good to have a south-facing windows.
Why don't you check the windows of the house you are living in now? Are they facing south?

Lesson 5 Food and cooking

<1> Mealtime etiquette

Lesson objective: To understand the mealtime etiquette of Korea and other countries

Vocabulary

잔뜩 to the full | 권하다 to suggest
당황스럽다 to be taken aback

I. Let's Prepare

Mealtime etiquette by countries

① You must eat your food as you hold the bowl in your hands.
② It is good to leave some food uneaten.
③ The fork is placed on the left and the knife on the right.
④ You do not eat holding the spoon and chopsticks in the same hand at the same time.
⑤ You must place both your hands on the table when you eat your meal.
⑥ You must not get up from the table until after the eldest person at the table finishes his/her meal and stands up.

II. Let's Listen

1.

존: 저는 한국에 온 지 약 6개월 됐어요. 지난주에 한국 친구가 저를 집에 초대했어요. 저는 친구 어머니께 드릴 꽃을 사 가지고 갔어요. 친구 어머니께서는 음식을 아주 많이 준비해 놓으셨어요. 그래서 손님이 많이 오는 줄 알았는데 손님은 저 한 명이었어요. 우리는 음식을 먹으면서 이런저런 재미있는 이야기를 많이 나눴어요. 그날 음식은 정말 맛있었어요. 잔뜩 먹어서 배가 부른데 친구 어머니께서 음식을 자꾸 권하셔서 좀 당황스러웠어요. 저는 그날 집에 돌아와서 결국 소화제를 먹어야 했어요. 배가 불러서 좀 힘들었지만 이런 게 한국인의 따뜻한 마음이라는 것을 알게 되었어요.

John: It has been six months since I arrived in Korea. Last week, a Korean friend invited me

to his home. I brought with me some flowers that I bought for my friend's mother. My friend's mother had prepared so much food. That's why I thought there must be a lot of guests coming over but I was the only one. While eating, we shared fun conversations. The food that day was very delicious. I ate until I was so full, but my friend's mother kept suggesting that I eat more so I was slightly taken aback. After returning home that night, I had to take medication for indigestion. My stomach was uncomfortably full, but I realized that this is the warm heart of the Korean people.

2.

에 릭: 얼마 전에 한국 친구가 초대해서 한국 사람 집에 처음 갔었어요.

윤 아: 그래요? 어땠어요?

에 릭: 아주 재미있었어요. 그런데 제가 친구 가족들과 식사할 때 실수를 좀 했어요.

윤 아: 무슨 실수를 했는데요?

에 릭: 배가 고파서 친구 아버지가 식사하시기 전에 제가 먼저 밥을 먹기 시작했더니 친구 아버지께서 저를 보고 웃으시면서 한국에서는 윗사람이 먼저 식사를 시작한 후에 밥을 먹어야 한다고 말씀하셔서 좀 부끄러웠어요.

윤 아: 에릭 씨는 외국인이니까 그럴 수도 있지요. 다음부터 조심하면 되잖아요.

Eric: A while back, my Korean friend invited me over to his house so I visited a Korean home for the first time.

Yuna: Really? How was it?

Eric: It was so fun. But I made a mistake while eating with my friend's family.

Yuna: What kind of mistake?

Eric: I was so hungry that I started eating before my friend's father began his meal, then my friend's father laughed and told me that in Korea, elders eat first and then everyone else can begin their meal. So I was a bit embarrassed.

Yuna: Since you're a foreigner, Eric, things can happen. You can just be more careful next time.

3-5.

유키: 얼마 전에 인도 여행을 다녀왔는데 참 재미있었어. 특히 인도 사람들이 손으로 밥을 먹는 모습이 신기해서 안내원한테 물어보니까 인도 사람들은 손으로 음식을 먹는 것이 젓가락이나 포크 같은 걸로 먹는 것보다 더 깨끗하다고 생각한대. 그리고 손으로 음식을 만지면 우리의 머리가 음식 먹는다는 것을 느껴서 소화도 더 잘 된다고 해. 그렇기 때문에 식사 전 후에 손을 깨끗이 씻어야 하고 오른손을 사용해서 음식을 먹어야 한대.

윤아: 그래? 한국하고는 많이 다르구나. 한국은 수저로 먹잖아. 보통 국은 숟가락으로 먹고 반찬은 젓가락으로 먹어. 그리고 한국에서는 꼭 윗사람이 먼저 식사를 시작해야 해.

유키: 그렇구나! 일본에서는 보통 젓가락으로만 먹어. 그리고 윗사람이 먼저 식사하는 것을 기다릴 필요 없이 "잘 먹겠습니다"라고 말하고 같이 먹으면 돼. 밥그릇은 들고 먹고.

윤아: 참 신기하다. 이렇게 문화가 다른 여러 나라 사람들이 같이 밥을 먹으면 재미있을 것 같아.

Yuki: A while back, I visited India and it was really fun. I was especially surprised to see how Indians eat with their hands so I asked the tour guide about it, and I was told that Indians believe it is cleaner to eat food with their hands than with utensils like chopsticks or forks. Also, they say that as we touch the food with our hands, our brain can really feel that we are eating our food so this even helps with digestion. Therefore, they need to wash their hands clean before and after meals. Also, they must eat with their right hand.

Yuna: Really? It's so different from Korea. As you know, in Korea, we eat with spoons. well, the soup with a spoon and the side dishes with chopsticks. And in Korea, the elder must always begin to eat first.

Yuki: Oh, I see! In Japan, we usually only use chopsticks. And we don't need to wait for our elders to eat. We just need to say, "Thank you for the meal" and start eating. You also need to hold up your rice bowl when you eat.

Yuna: That's very interesting. It would be fun if people from various countries with different cultures eat together.

<2> Introducing Korean food

Lesson Objective: To introduce Korean food and understand how it is cooked

Vocabulary

와플 waffle　　진달래 azalea
온 whole
차례를 지내다 to hold a memorial service for ancestors
새해 new year　　복 good luck
굵다 to be thick　　동그랗다 to be round
태양 sun　　바라다 to hope
꿩고기 pheasant meat　　대신 instead

I. Let's Prepare

가: 우리 여기서 붕어빵 먹고 가자. 여기 붕어빵 진짜 맛있어.

나: 붕어빵? 그게 뭔데?

가: 빵 모양이 물고기처럼 생겨서 붕어빵이라고 해.

나: 그렇구나. 그런데 빵 속에는 뭐가 들어 있어?

가: 보통은 속에 팥이 들어 있는데 이 가게 붕어빵에는 초콜릿, 치즈, 딸기잼도 들어 있어서 좋아하는 맛을 골라

서 먹을 수 있어. 그래서 너를 특별히 여기에 데리고 온 거야. 참, 혹시 어떤 사람하고 붕어빵 같다는 말 알아?

나: 글쎄, 붕어빵처럼 생겼다는 뜻 아니야?

가: 하하. 그게 아니라 여기 똑같이 생긴 붕어빵들처럼 그 사람하고 얼굴이 닮았다는 뜻이야. 나도 우리 아버지하고 붕어빵 같다는 말을 많이 들어.

나: 그렇구나. 재미있는 말이구나.

A: Let's eat Bungeo-ppang here. Bungeo-ppang here is really delicious.

B: Bungeo-ppang? What is it?

A: It's called Bungeo-ppang because the shape of the bread looks like a fish.

B: I see. But what's inside the bread?

A: Normally it's filled with red bean paste but the Bungeo-ppangs in this store also have chocolate, cheese and strawberry jam fillings so you can choose to eat according to your favorite flavor. That's why I specially brought you here. By the way, by any chance you know the saying of 'to be Bungeo-ppang alike to someone'?

B: Well, doesn't it mean that you look like a Bungeo-ppang?

A: Haha. It's not that but similar to the Bungeo-ppangs here that all look exactly the same, it means your face looks similar to someone. I, also, hear a lot that my father and I are Bungeo-ppang alike.

B: I see. That's an interesting word.

II. Let's Read

Will I be two years older if I eat two bowls of Tteokguk?

The best holiday in Korea is the New Year's holiday. On the morning of Korean New Year, the whole family gathers for a memorial service for their ancestors, and perform '*Sebae*' (New Year's bow) to the elderly. They greet by saying "Happy New Year" to the people they meet, hoping that good things will happen for the coming year. On this day, people play games and eat delicious food together. For Korean New Year, Koreans eat a special food, which is *Tteokguk* (Rice cake soup).
Tteokguk is a dish where long, thick white rice cakes are thinly sliced and boiled in a meat broth. There are few reasons why people in the past eat *Tteokguk* during Korean New Years. Firstly, the first day of the New Year is when all things start anew. It is said that in the old days, people ate white rice cakes in clear soup in order to cleanse their bodies and minds on the first day of the New Year. Secondly, it is said that in the past, the shapes of the rice cakes in *Tteokguk* that were eaten in the palace differ from those we eat nowadays, which they used to be in round shapes. This signifies the bright, white sun, also said to be filled with one's heart of hoping only bright and good things to happen for the new year. Thirdly, although the long, white rice cakes in *Tteokguk* are thinly sliced, it is said to have been eaten in the hope of living a long life like the long rice cakes that is put in *Tteokguk*,
These days, people normally add beef when boiling *Tteokguk*, but in the past, there are families who put pheasant meat in their *Tteokguk*. Pheasant is very delicious but it was expensive and hard to buy easily. Therefore, people put chicken meat in their *Tteokguk*, doesn't taste as good as pheasant meat but cheap and easily found in their surroundings. That's why a funny saying of "A chicken instead of a pheasant" was created. We use this phrase often under situations when we can't find the thing that we want, so without a choice, although it's not the very best, we replace it with something similar.
In Korea, when a new year starts, you add one year to your age so eating *Tteokguk* during the Korean New Year also symbolizes getting a year older. However, eating three bowls of *Tteokguk* within a day doesn't mean you get three years older. *Tteokguk*, which is easy to boil and is full of nutrients, will continue to be a dish where Koreans enjoy together during the Korean New Year even in the future.

Lesson 6 Hospital

<1> Making a hospital appointment

Lesson Objective: To understand how to make a hospital appointment and use the hospital

Vocabulary

진료 **medical treatment** 접수시키다 **to submit**
진료실 **doctor's office** 수납하다 **to pay**
문진표 **health questionnaire**
상태 **state** 체중 **weight**
체온 **body temperature** 재다 **to measure**
처방전 **prescription**
주민 등록 번호 **resident registration number**

I. Let's Prepare

가: 안녕하십니까? 한국 병원입니다. 예약과 상담은 1번, 빠른 예약 확인은 2번, 예약 취소는 3번, 위치, 교통 안내는 4번, 전화번호 안내는 0번을 눌러 주세요.

A: Hello, this is Hanguk Hospital. Please push 1 for appointments and consultations, 2 for quick appointment confirmations, 3 for appointment cancellations, 4 for information regarding location and transportation, and 0 to hear the phone number of the department you are trying to call.

II. Let's Read

Instructions for usage

- For those who wish to receive medical treatment, please firstly pull out a number ticket and submit it when it's your turn.
- Once you receive your medical card, please proceed to the doctor's office.
- Once you arrive the doctor's office, please give your medical card to your nurse and measure your weight and body temperature.
- Once you receive treatment, take your prescription and proceed to the cashier's desk for payment.
- Take your prescription to a nearby pharmacy and you will be able to buy medicine there.

Reservation method

Telephone reservation

① Phone reservations are available from 8a.m. to 6:30p.m. on weekdays. Until 1p.m. on Saturdays.
② Insert your Resident Registration Number or medical card number.
③ Schedule your desired time for medical treatment after a medical consultation.
④ Please arrive the hospital 20 minutes before your scheduled reservation and receive medical treatment after you register at the reception.

Walk-in reservation

① Apply for medical treatment at the cashier's desk.
② Please confirm the date and time you wish to receive medical treatment and schedule an appointment.
③ On the day of your appointment, receive medical treatment once you register at the reception.

▷ Make sure to reserve under the patient's name when making a reservation.
▷ If there is a large number of patients, you can wait up to 30 minutes - 1 hour even when you arrive on time for your appointment.
▷ If you would like to cancel or change your reservation, please contact us one day before your appointment.

<2> Conversation in the treatment room

Lesson Objective: To understand the symptoms of illnesses and learn about preventive measures

Vocabulary

발목 ankle
회복되다 to recover
토하다 to vomit
골절 broken bone
진통제 painkiller
안과 ophthalmology
삐다 to sprain
썩다 to rot
증상 symptoms
목발 crutches
처방하다 to prescribe
뒷부분 back
거북목 turtle neck syndrome
돌리다 to turn
눈높이 eye level

I. Let's Prepare

Olivia: A few days ago, I sprained my ankle going down the stairs and it began to swell. It's been over a week, but it isn't getting any better......
Eric: It's really swollen! I think you should go to a large hospital.
Olivia: How can I go to the hospital by myself when I can't speak Korean very well..... I'm sure it'll get better if I just rest at home.
Eric: No, you can't. If you keep using your hurt leg, it may even get worse.

II. Let's Listen

1.

①
의사: 어떻게 오셨어요?
환자: 계단에서 넘어졌는데 다리가 너무 아파요.
의사: 어디 봅시다. 여기는 어때요?
환자: 아야! 거기가 너무 아파요.

Doctor: How can I help you?
Patient: I fell down the stairs and there is a lot of pain in my leg.
Doctor: Let's take a look. How does this feel?
Patient: Ouch! It hurts so much.

②
의사: 눈이 빨갛네요. 언제부터 그러셨어요?
환자: 어제 수영장에 다녀왔는데 밤부터 계속 눈물이 많이 나고 아파요.
의사: 자, 눈을 크게 뜨고 여기를 보세요.

Doctor: Your eyes are red. When did this start?
Patient: I went to the swimming pool yesterday and starting from last night, my eyes have been constantly tearing. It's painful.
Doctor: Okay, open your eyes wide and look over here.

③
의사: 오랜만에 오셨네요. 어디가 불편하세요?
환자: 며칠 전부터 왼쪽 아랫니가 아파서 왔어요.
의사: 그래요? 한번 봅시다. (잠시 후) 이가 좀 썩었네요. 오늘 치료 받으시고 다음 주에 한 번 더 오세요.

Doctor: It's been a while since your last visit. Where do you find uncomfortable?
Patient: I came because my bottom left tooth has been aching since few days ago.
Doctor: Is that so? Let's have a look. (After a while) Your tooth is a bit decayed. Please receive treatment today and come back again next week.

④
의사: 계속 토하신다고요? 언제부터 그랬어요?
환자: 어젯밤부터요. 어제 점심을 너무 급하게 먹어서 그런

지 계속 속이 불편하고 배가 아팠어요.
의사: 먼저 열 좀 재 볼게요. 그리고 약을 처방해 드리겠습니다.

Doctor: You keep vomiting? Since when?

Patient: Since last night. Maybe because I've had lunch too quickly yesterday, my stomach feels constantly uncomfortable and it aches.

Doctor: We'll take a fever check first, then I'll prescribe you some medicine.

2.

의사: 자, 여기 앉으세요. 촬영한 사진을 보니까 다행히 골절은 아닌데, 치료를 좀 받아야겠어요. 그리고 아픈 다리를 자꾸 쓰면 안 좋으니까 목발도 쓰시는 게 좋겠고요.
환자: 가끔 너무 아파서 자다가 깰 때도 있는데 그럴 때는 진통제를 먹어도 될까요?
의사: 먹는 약보다는 바르는 약이 나을 거예요. 처방해 드릴 테니까 많이 아플 때 바르세요.
환자: 감사합니다. 그런데 병원 치료는 얼마나 받아야 할까요?
의사: 한 2주에서 3주 정도 받아 보시는 게 좋을 것 같아요. 오늘도 치료가 있으니까 치료 받고 가세요. 간호사 선생님이 안내해 주실 거예요.

Doctor: Here, take a seat. I took a look at the x-rays and you don't have a broken bone, but you'll need to get treated. And it's not good to keep using your hurt leg, so I recommend crutches.

Patient: There are times when I wake up because the pain is so severe. Can I take painkillers at those times?

Doctor: Instead of oral painkillers, paste painkillers should be better. I will prescribe an ointment for you so apply it when it hurts too much.

Patient: Thank you. But how long will I need to receive treatment at the hospital?

Doctor: It'll be best if you can receive 2 to 3 weeks of treatment. There's a treatment today, too, so get treated before you leave. The nurse will show you the way.

3.

진행자: 요즘 목 뒷부분이나 등이 아프다고 하는 분들이 많은데요. 이런 분들을 위해 도움 말씀 주실 박지훈 박사님 나와 계십니다. 박사님, 이런 증상을 뭐라고 부릅니까?
박 사: '거북목'이라고 하는데 아마 들어보신 적이 있으실 겁니다. 요즘 일을 할 때 컴퓨터를 사용하거나 휴대 전화를 항상 들고 다니면서 보기 때문에 자신도 모르게 머리를 앞으로 하고 앉는 분들이 많습니다. 계속 이렇게 하게 되면 목 뒷부분이 스트레스를 받게 되어 아픔을 느끼게 되는데, 이것을 '거북목'이라고 부릅니다.
진행자: 저도 그럴 때가 많은데요. 박사님, 이럴 때는 어떻게 하는 것이 좋을까요?
박 사: 거북목이 되지 않으려면 먼저 컴퓨터 모니터의 높이를 눈높이에 맞게 올리는 것이 중요하고요, 휴대 전화 화면을 볼 때도 오랫동안 내려다보지 않아야 합니다. 또 항상 어깨를 뒤로 하고 가슴을 똑바로 펴고 앉는 것이 좋습니다. 그리고 시간이 날 때마다 목 뒷부분을 눌러 주거나 가볍게 돌리는 운동을 자주 하면 효과를 볼 수 있습니다.
진행자: 저도 알려주신 것처럼 해 봐야겠네요. 오늘 말씀 감사합니다.

Presider: There are many people who complain feeling pain at the back of their necks or their backs these days. Today, we have Dr. Jihun Park who will give us some advice. Doctor, what do we call these symptoms?

Doctor: We call it turtle neck syndrome and I'm sure you've heard of it. These days, many people use computers at work or are constantly looking at their cell phones. Without even being conscious of it, their heads are in a forward position. If you continue to sit like this, the back of the neck becomes stressed and you begin to feel pain. This is what we call turtle neck syndrome.

Presider: There are many times when I do that, too. Doctor, what should we do at these times?

Doctor: In order to prevent turtle neck syndrome, you should adjust your computer monitor to be at eye level. Even when you look at your cell phone screen, make sure you're not looking down for long periods. Always keep your shoulders back and sit with your chest open. Whenever you have time, massage the back of your neck and do some light exercises by just turning your neck. If you do this often, you'll see the effects.

Presider: I need to follow your advice. Thank you for your comments today.

Review (Lessons 5-6)

Vocabulary

서투르다 to not be good at 소장 director
신체검사 physical examination

I. Listen to the following passage and answer the questions.

진행자: 여러분 안녕하십니까? 요즘은 주변 어디에서나 외국인들을 만날 수 있는데요. 한국말이 서투른 외국인들이 가장 힘들 때가 아마 병원을 이용할 때가 아닐까 합니다. 오늘은 그런 분들이 아시면 좋을 곳을 소개해 드리겠습니다. 한국대학병원 국제진료센터의 소장님을 모시고 이야기 나누어 보겠습니다. 소장님, 안녕하세요?
소장: 안녕하세요?

진행자: 소장님, 국제진료센터에 대해서 소개 좀 부탁드립니다.

소장: 네, 1885년에 한국대학병원이 처음 문을 열었을 때는 한국인과 외국인 환자를 모두 치료했습니다. 그 후 1962년에 외국인만 치료하는 국제진료센터가 병원 안에 생겼습니다. 저는 1991년부터 이곳에 와서 일하게 됐는데 그때는 시설도 그렇게 좋지 않았고 외국인 환자도 별로 오지 않았습니다. 그렇지만 지금은 많이 커져서 40명이 넘는 의사와 간호사가 일하고 있습니다.

진행자: 국제진료센터에서는 어떤 일을 합니까?

소장: 저희 센터에서는 대부분 한국에 살고 있는 외국인들을 진료합니다. 그리고 외국에 살지만 한국에서 치료를 받고 싶어 하는 외국인 환자들이 많이 찾아올 수 있게 노력하고 있습니다. 또 해외로 나가는 한국인들을 위한 신체검사도 하고 있습니다. 러시아, 미국, 중국, 캐나다 등 외국으로 가실 분들은 우리 병원에서 검사를 받으시면 도움이 됩니다.

진행자: 오늘 새로운 정보를 많이 알게 되어 여러분들께 도움이 될 것 같습니다. 소장님께서는 앞으로 어떤 일을 더 하고 싶으십니까?

소장: 한국의 의학 기술을 케이팝(K-POP)처럼 세계에 알리고 싶습니다. 외국인들이 찾고 싶은 한국 병원을 만드는 것이 제 꿈입니다.

진행자: 소장님이 바라시는 일들 모두 다 잘 되었으면 좋겠습니다. 오늘 나와 주셔서 감사합니다. 광고 듣고 다시 오겠습니다.

Presider: Hello, everyone. These days, you can meet foreigners just about anywhere you go. Perhaps the hardest time for foreigners who speak poor Korean would be when they visit the hospital. Today we'll introduce you a nice place that is great for them to know. We have here the director of International Health Care Center at the Hanguk University Hospital to share conversations with us. Hello, Director.

Director: Hello.

Presider: Would you please introduce the International Health Care Center for us, Director?

Director: Sure. In 1885, when the Hanguk University Hospital was first established, it provided medical treatment to both Korean and foreign patients. Later in 1962, the International Health Care Center was built inside the hospital building, providing medical treatments only to foreigners. I began working here in 1991 but back then, the facilities weren't that great and not a lot of foreign patients came here. But now, the center has grown in size and there are over 40 doctors and nurses stationed.

Presider: What does the International Treatment Center do?

Director: Our center mainly provides medical treatments to foreigners who are living in Korea. Also, we are doing our best to attract foreign patients who live in foreign countries but who want to receive treatments in Korea. Moreover, we also provide physical examinations for Koreans who are going overseas. It's helpful for people departing for foreign countries like Russia, the U.S., China and Canada to receive a physical examination from our hospital.

Presider: We learned a lot of new information that I think will be helpful to everyone. What do you want to do in the future, Director?

Director: I want to share Korea's medical technology to the world like K-POP. My dream is to make a Korean hospital that many foreigners will come to.

Presider: I hope that everything you wish for comes true. Thank you so much for joining us today on our show. We'll return after a commercial break.

Korean Folk Remedies

Folk remedies are simple treatment methods used by people at homes since the past to treat and prevent one's diseases. In the past, there weren't a lot of hospitals like there are nowadays and the number of doctors was few. Therefore, people had to use plants or animals found nearby as treatments to cure their illnesses.

For a severe cough, people would boil honey in pear and eat it. When a young child had a stomachache, the mother would sing, "Mommy's hands are healing hands and baby's tummy is a potbelly" while lightly rubbing his stomach with her warm hands. By doing so, perhaps it is because of mom's warm hand message, the child's stomachache symptoms disappear. In the case of severe indigestion, people would take a needle and pierce the underside of their thumb nail until a dark red drop of blood came out, helping with digestion.

The folk remedies that our ancestors used in the past using things that are easily found around us are being used to cure illnesses even now. But the use of folk remedies alone can worsen your disease, so if your symptoms worsen, you must visit the hospital.

Lesson 7 Cultural pastime

<1> Buying tickets online

Lesson Objective: To understand content related

to buying a ticket online

Vocabulary

상영관 theater
예매하다 to make a reservation
예매권 advance ticket　　경기 game
관람하다 to watch

II. Let's Listen

1.

유키: 에릭 씨, 우리가 보려는 그 영화는 인기가 많아서 토요일 저녁에 보려면 예매를 해야 할 것 같아요.

에릭: 그렇겠네요. 그럼 지금 신촌극장 홈페이지에 들어가 볼게요. 어? 저녁 시간에는 남은 좌석이 거의 없네요.

유키: 그래요? 그럼 상영관이 좀 작긴 하지만 중앙극장에는 좌석이 있을지도 몰라요.

에릭: 잠깐만요. 네, 여기는 아직 괜찮은 좌석이 남아 있어요. 7시 50분 어때요? 저녁을 먹고 나서 보는 게 좋겠지요?

유키: 좋아요. 저녁은 제가 살게요.

Yuki: Hey Eric, the movie we're going to watch is so popular that I think we need to make a reservation if we want to watch it on Saturday evening.

Eric: I guess so. Then let me have a look at the Sinchon Theater homepage right now. (A while later) Oh? There's nearly no seats left for the evening hours.

Yuki: Really? There might be seats left at the Central Theater even though the theater is a little small.

Eric: Hold on. (A while later) Yes, there are still some good seats left here. How about 7: 50 p.m.? It's better to watch it after dinner, right?

Yuki: That's great. Dinner is on me.

2.

가: 다음 달에 부산국제영화제에 가려고 하는데 카드 예매가 쉽지 않네. 좋은 방법 없을까?

나: 카드로 결제하면 시간이 오래 걸려서 인기 많은 영화는 예매하기가 힘들 거야. 예매권을 이용해 보는 건 어때?

가: 예매권? 그게 뭔데?

나: 예매권은 어느 한 영화를 정해서 표를 사는 게 아니라, 영화제에서 상영하는 영화 중에 나중에 선택해서 볼 수 있는 표를 미리 사 놓는 거라고 생각하면 돼. 예매권을 가지고 있으면 나중에 진짜 보고 싶은 영화를 보려고 카드 결제할 때 카드 번호하고 비밀번호를 쓰지 않고 예매권에 있는 번호만 넣으면 되니까 예매하기가 쉬워. 그리고 내가 듣기로는 영화제 시작 전날에 취소 표가 많이 나온다고 하니까 홈페이지에 자주 들어가 보는 것도 좋을 것 같아.

A: I want to go to the Busan Film Festival next month, but it's not easy purchasing tickets with a credit card. Is there a better way?

B: Paying by credit card takes a long time so it would be difficult to reserve popular movies. What do you think about trying the advance ticket?

A: Advance ticket? What's that?

B: You can think of the advance ticket as a pre-purchase movie ticket to watch movies that you choose later among those that will be shown on the screen during the Film Festival, instead of purchasing a ticket for a particular movie. With the advance ticket, when you later make a credit card payment for the movie that you really want to watch, instead of inserting the credit card number and PIN, you just need to input the number printed on the advance ticket so it's a lot easier when you make reservations. I also heard that a lot of cancellation tickets will be on the market a day before the Film Festival, so it'd be good to always check on the website homepage.

3-5.

가: 이번 주 금요일에 한강 야구장에서 하는 야구 경기를 보고 싶은데 표 좀 예매해 줄 수 있어? 난 한 번도 해 본 적이 없어서...

나: 그래, 좋아. 지금 인터넷으로 예매하자. 한강 야구장 좌석은 아주 다양하니까 내 설명을 잘 들어 보고 네가 원하는 좌석을 알려 줘. A석은 선수들을 가장 가까운 곳에서 볼 수 있어. B석은 운동장에서 가깝지도 멀지도 않은데 음식을 먹으면서도 볼 수 있어. 그리고 여러 사람들하고 같이 신나게 응원하면서 볼 수 있는 C석하고 D석이 있는데, C석은 서울팀 응원석이고 D석은 부산팀 응원석이야. 자, 어떤 좌석이 좋겠어?

가: 나는 신나게 응원을 하면서 보고 싶어. 서울에 사니까 서울팀을 응원하고 싶고.

나: 그럼 C석이 좋겠다.

가: 응, 그렇게 해 줘. 다른 팀 응원석에 앉아서 큰 소리로 응원도 못하고 조용히 앉아서 경기만 보는 건 싫으니까.

나: 알겠어. 지금 인터넷 사이트에서 예매하고 있으니까 잠시만 기다려 봐. (잠시 후) 됐다. C석 앞쪽 자리니까 관람하기 좋을 거야.

가: 정말 고마워. 내가 한턱낼게.

A: I want to watch the baseball game in the Han River Baseball Stadium this Friday. Can you pre-purchase the tickets for me? I've never done it before...

B: Sure. Let's buy the ticket online right now. The Han River Baseball Stadium has a wide variety of seating so listen carefully to my explanation and tell me what you prefer. A-seats are the closest seats to see the players. B- seats are not close nor far from the stadium, but you can eat while you watch the game. Also, there are C-seats and D-seats, where you can watch the game while having the most fun cheering with lots of other people. C-seats are the cheering section for the Seoul team and D-seats are the cheering section for the Busan team. Now, which seat would you prefer?

A: I'd like to watch the game while having fun

cheering. Also, I live in Seoul so I want to cheer for the Seoul team.

B: Then C-seat sounds good.

A: Yes, please get me a C-seat. I don't want to sit in the cheering section for the opposing team, unable to cheer in a loud voice, and having to just quietly watch the game.

B: All right. I'm buying the ticket on the website right now, so just wait a minute. (A while later) Done. Your seat is at the front of section C so it should be a good spot to watch the game.

A: Thanks. I'll treat you out next time.

<2> Impressions after watching a performance

Lesson Objective: To understand content related to someone's impression after watching a performance

Vocabulary

난장이 dwarf	설레다 to be excited
작품 work of art	원작 original (work)
도망치다 to run away	첫눈 first sight
영원하다 to be eternal	표정 expression
빛나다 to shine or be radiant	
희생하다 to sacrifice	무대 stage
무용 dance	감동 to be touched
대사 lines	표현하다 to express

I. Let's Prepare

가: 지난번에 친구가 주인공으로 나오는 뮤지컬 보러 간다고 했잖아. 갔다 왔어?

나: 응, 지난 주말에 보고 왔어.

가: 어땠어?

나: 정말 최고였어. 작은 극장이어서 무대는 별로 크지 않았지만 배우들의 연기와 노래는 정말 훌륭했어. 의상도 화려했고. 배우들이 모두 대학생이라는데 정말 연습을 많이 했나 봐.

가: 그랬구나. 관객은 많았어?

나: 응, 빈자리가 없었어. 마지막에는 배우들하고 관객들이 모두 같이 노래를 불렀는데 정말 감동적이었어. 눈물을 흘리는 사람들도 있었고. 아직까지도 그 때의 감동을 잊을 수가 없어.

가: 아, 정말 좋았겠다. 나도 가 보고 싶다.

나: 다음 주말까지 공연을 한다고 하니까 나하고 같이 가자. 난 한 번 더 보고 싶어.

A: Last time you've mentioned going to the musical where your friend plays the central role. Did you go?

B: Yes, I went last weekend to see it.

A: How was it?

B: It really was the best. The stage wasn't big because it was a small theater, but the actors' acting and singing were truly outstanding. The costumes were magnificent, too. I heard the actors are all college students, I guess they really practiced a lot.

A: I see. Were there a lot of audience?

B: Yes, there were no empty seats. The actors and audience all sang together in unison in the end, and it was so touching. Some people even shed tears. I still can't forget the awe I felt then.

A: Ah, it must have been great. I want to go, too.

B: Since the show is on until next weekend, go with me. I want to watch it once more.

II. Let's Read

After watching the musical that even makes adults cry,
"The Dwarf who Loved Snow White"

Today, I went to Daehak-ro with my friend to watch a musical for the first time in a long time. My heart fluttered at the thought that I would finally get to watch "The Dwarf who Loved Snow White," a musical that I had wanted to watch for a very long time. This production, titled as "The Dwarf who Loved Snow White", is a revised musical version of the famous "Snow White" fairytale, where it shows a story of the youngest dwarf's beautiful love towards Snow White. Ever since it was first performed as a play in 2001, it received much love, where it was then made into a musical from 2013 onwards, and has been performed annually since then.
The musical is open to viewers seven and older and perhaps it's because the story is based on a fairy tale, but there were a lot of children with their parents. Before the musical began, I was worried that it would be noisy because there were so many children, but as soon as the show began, even the children quietly watched the performance.
The plot of the musical are as follows. One day, Snow White, who ran away from her wicked stepmother, arrives at a small house where the seven dwarves live. Dopey, the youngest dwarf who isn't able to speak, experienced love at first sight as soon as he sees Snow White. The love of Dopey grows even bigger as he protects the princess from her stepmother who is trying to get rid of Snow White. As they spend a happy time together, one day Snow White falls into an eternal slumber. Dopey leaves on a very dangerous trip in order to save Snow White, in which he finds and brings back a Prince from the neighboring kingdom. And he decides to dance with all his heart to express his love when the Princess wakes up. But Snow White awakens with a kiss from the Prince and marries him.
The actor playing Dopey had to express everything

only through his expression and dance, instead of words, yet he made the performance shine with his natural acting. Dopey's love of scarifying himself for the sake of his loved one was so beautiful that I couldn't keep my tears in. I thought that Doepy was the true main character of this story, instead of anyone else.
After the performance, we were given the time to take pictures with the actors on stage, so my friends and I also took pictures with a joyful heart. It was truly a happy time.

Lesson 8 Lifestyle habits

<1> Regimented life habits

Lesson Objective: To understand proper lifestyle habits for a healthy life

Vocabulary

평균 average
수면 sleep
성인 adult
기억력 memory
우울증 depression
성장 growth
방과 후 after-school
위장 stomach
야식 late night snack
전문가 specialist
간편하다 to be simple
사회 society
횟수 number of times
규칙적이다 to be regular or regimented
절반 half
과식 overeating
소식 light eating
편식 to be picky (with food)
불규칙하다 to be irregular or unregimented

I. Let's Prepare

의사: 이제 아이는 괜찮아진 것 같습니다. 열도 떨어졌고요.
엄마: 감사합니다, 선생님. 그런데 아이가 감기도 자주 걸리고 몸이 너무 약한데 몸이 건강해지는 좋은 방법이 없을까요?
의사: 평소에 건강에 좋은 습관을 갖게 하는 것이 중요합니다. 제가 중요하다고 생각하는 네 가지 생활 습관이 있습니다. 먼저 아이가 아침에 일어나면 스트레칭을 하게 하세요. 스트레칭을 하면 기분이 상쾌해지고 아침밥을 잘 먹게 됩니다. 아침밥은 중요합니다. 하루 동안 활동할 힘을 만들어 주니까요. 그리고 식사할 때는 천천히, 음식은 적어도 10번 이상 씹게 하세요. 소화가 잘 될 거예요. 그리고 매일 30분 정도씩 낮잠을 자게 하는 것도 좋습니다.
엄마: 낮잠을 자는 게 건강에 도움이 되는 건가요?
의사: 그럼요, 낮잠을 자면 긴장도 없어지고 스트레스도 풀립니다.

Doctor: I think the child's alright now. The temperature has dropped, too.
Mother: Thank you, Doctor, but my child frequently catches a cold and is very weak in body. Is there a way for him to improve his health?
Doctor: It's important to keep good habits for your health on a daily basis. There are four lifestyle habits that I think is important. Firstly, have the child do some stretching when he wakes up in the morning. If you do stretching, it refreshes your mood and makes you eat breakfast well. Breakfast is important. Because it creates the strength for you to carry out activities throughout the whole day. Also, when you eat, you must eat slowly, have him chew his food at least 10 times before swallowing. This will help him digest well. Also, it's good to have him take an afternoon nap for 30 minutes every day.
Mother: Are naps good for the health?
Doctor: Of course. If you take a nap, it relieves tension and it also relieves stress.

II. Let's Read

Good lifestyle habits are the start to good health

It is good for the health to sleep 7~8 hours
Recent statistics show that Koreans sleep on average 6.3 hours a night. According to research, the appropriate amount of sleep for adults is 7~8 hours. No matter how little you sleep, you need to sleep at least 4~6 hours. Any less than this and your memory will be affected and there is a higher likelihood of depression. Conversely, there is also research that shows that an average of more than 9 hours of sleep a night leads to early death, so make sure you maintain appropriate sleep hours.
Moreover, maintaining appropriate sleep hours are even more important for children than adults, it is good for children to sleep 9~10 hours for their growth. Adults were asked about how many hours their children sleep and 53% answered that their children sleep less than 7~8 hours due to reasons like Internet usage (39%) and after-school academy studies (30%). Parents will have to make their children sleep early instead of using the Internet.

Dietary habit that we must be careful of
Dividing the calories needed per day into breakfast, lunch, dinner and snacks is a good method of eating in order to protect your stomach. And above all, it's better not to eat late night snacks.
According to the results shown on a survey conducted of 1000 adult men and women, more than 5 out of 10 people (53.1%) said they eat late night snacks at least once a week. Specialists say that this trend has a strong correlation to people being more active at night, more 24-hour convenience stores and food delivery services, and a social atmosphere where it is easy and

convenient to eat late night snacks. In order to cut down on late night snacks, make sure you eat breakfast in the morning and eat meals at set times.

Yeonseon Ilbo Reporter Jiyeon Kim

<2> Recommended exercise

Lesson Objective: To understand recommendations of different types of exercise in varying situations

Vocabulary

안색 complexion
피로 fatigue
효과 effect
운동 부족 lack of exercise
엊그제 a couple of days ago

II. Let's Listen

1.

앵커: 건강을 지키기 위해서 운동을 꼭 해야 한다는 사실은 모든 사람들이 잘 알고 있습니다. 운동은 일주일에 30분씩 3번 이상 하는 것이 좋다고 합니다. 그러나 여러 가지 일로 바쁜 현대인들이 운동을 하기 위해서 시간을 내는 것은 쉬운 일이 아닙니다. 운동을 하고 싶은데 시간이 없다면 에스컬레이터나 엘리베이터를 타지 말고 계단을 걸어서 올라가 보면 어떨까요? 30분 동안 계단을 오르면 빨리 걷는 것보다 두 배 이상의 칼로리를 쓴다고 합니다. 주의해야 할 것은 계단을 내려올 때 무릎에 무리가 갈 수 있기 때문에 내려올 때는 엘리베이터를 타고 내려오는 것도 좋다고 합니다.

Newscaster: Everyone knows it's important to exercise in order to be healthy. It is recommended that we exercise at least 30 minutes, three times a week. But it isn't easy for modern-day people with their busy schedules to make time to exercise. If you want to work-out but don't have time, don't ride the escalator or elevator and opt for the stairs instead. It is said that walking up the stairs for 30 minutes takes up more than twice the amount of calories as brisk walking. One thing to be aware of is that you might strain your knees when walking down the stairs so it is recommended to take the elevator when going down.

2.

하늘: 유키 씨, 안색이 안 좋네요. 어디 아프세요?
유키: 아픈 건 아닌데 몇 달 동안 일이 많아서 쉬지도 못하고 운동도 못 했더니 피곤해서 그래요. 살도 계속 찌고 있고요.
하늘: 피로가 쌓여서 그래요. 피로는 그때그때 풀어야 해요. 오늘부터 운동을 시작해 보는 게 어때요?
유키: 저도 운동을 해야 하는 줄 알면서도 시간을 내기가 어려워서 못 하고 있었어요.
하늘: 제가 다니는 헬스클럽이 아주 괜찮은데 같이 다녀요. 음악을 크게 틀고 신나게 자전거를 타는 운동이 있어요. 스트레스도 풀리고 살도 빠질 거예요.
유키: 그런 운동은 참 재미있겠어요. 좋아요, 오늘 등록하러 갈래요.
하늘: 네, 이따가 같이 가요.

Haneul: Hey Yuki, you don't look well. Are you sick?

Yuki: I'm not sick but I haven't been able to rest or exercise for months now because I've had a lot of work to do, so I guess I'm just tired. I'm also gaining a lot of weight.

Haneul: It's because you've let your fatigue build up. You should relieve fatigue from time to time. Why don't you exercise starting from today?

Yuki: I also know that I need to exercise, but it's not easy making time so I haven't been able to do so.

Haneul: The gym that I'm attending is very nice, let's go there together. There's an exciting exercise where they put on loud music and ride the bicycle. It will relieve your stress and you will lose weight, too.

Yuki: Exercise like that would be fun. Sounds good, I want to register today.

Haneul: Sure, I'll go with you later.

3-5.

미선: 우리가 이 회사에 들어온 지 벌써 5년이나 됐네요.
우진: 시간이 참 빠르군요. 회사에 입사한 게 엊그제 같은데... 전에는 며칠씩 밤을 새워서 일을 해도 피곤한 줄 몰랐는데 요즘은 며칠만 늦게까지 일하면 너무 피곤해서 주말에는 쓰러져서 하루 종일 잠만 자요.
미선: 그래요? 건강은 괜찮아요?
우진: 특별히 아픈 데는 없어요. 하지만 시간이 없다는 이유로 운동은 하지 않고 먹기만 해서 배도 많이 나오고 살도 많이 쪘어요.
미선: 그럼 운동을 시작해 보는 게 어때요? 저는 지난달부터 점심시간에 배드민턴을 치고 있어요. 동료들하고 같이 치니까 재미있고 근육도 생기면서 피로도 덜 느끼는 것 같아요.
우진: 저도 내일 배드민턴을 가지고 와야겠네요. 그리고 평소에 간단히 사무실에서 할 수 있는 건 없을까요?
미선: 운동할 시간을 따로 내기가 힘들면 사무실에서 가볍게 스트레칭을 하거나 바른 자세로 앉아 있는 것도 도움이 많이 된다고 해요. 그리고 아침, 저녁에 전신 스트레칭을 해 보세요. 스트레칭은 다이어트 효과가 있는 데다가 근육의 긴장을 풀어 주고, 몸의 균형도 잡아 준대요.
우진: 그렇군요. 그건 오늘부터 시작해야겠어요. 알려 줘서 고마워요.

Misun: It has already been five years since we began working here.

Woojin: Time flies. Seems like only yesterday that I started my job here... In the past, I would

pull a few all-nighters and still be fine. But these days, if I work until late just for a few days, I'm so tired that I sleep all day during the weekends.

Misun: Really? How's your health?

Woojin: I don't have any illness in particular. But since I don't have time to exercise, I just keep eating all the time so I have a belly and I've put on a lot of weight.

Misun: Then why don't you try exercising? Starting last month, I've been playing badminton during our lunch hour. It's fun playing with my colleagues and I feel less tired as I've gained some muscles, too.

Woojin: I guess I need to bring my badminton racket tomorrow then. Also, are there any simple exercises I can do in the office?

Misun: If it's hard for you to make time, you can do some light exercises in the office. I heard that it's helpful to sit upright with proper posture, too. And try full body stretches in the morning and evenings. Stretching not only has dieting effects, but it also releases the tension in our muscles and helps our body maintain its balance.

Woojin: I see. I'll begin that starting today. Thanks for letting me know.

Review (Lessons 7~8)

Vocabulary

지적 장애인 intellectually impaired person
어른스럽다 mature
쓰러지다 to collapse
감옥 prison
조연 supporting actor

After watching the movie "Miracle in Cell No. 7"

A while ago, I watched the movie "Miracle in Cell No. 7" through the introduction of a friend. This movie tells the story of an intellectually impaired father and his young daughter, who is mature for her age.
One day, Yonggu was on his way to buy a bag for his daughter Yeseung, when he saw the police officer's daughter lying on the ground. Yonggu was only trying to save her, but people mistook his intention and thought that Yonggu had killed her, so they reported him to the police and the police officer's daughter eventually died. Imprisoned in cell no. 7, Yonggu misses his daughter Yeseung every day. The people who shared the same room as Yonggu saw how much he misses her, so they secretly brought Yeseung to the prison. Though I knew such story is unrealistic, I was still so nervous the whole time that my palms were sweating all the way through the movie. It was really touching to see how Yonggu has put his daughter's happiness before himself, despite being in prison. This movie shows the warm affection between a father and his daughter, while clearly displaying the pain faced by the intellectually impaired Yonggu, who is left unprotected by the society.
In the end, Yonggu dies to protect his daughter. The movie ends with Yeseung, now a lawyer, clearing Yonggu's name.
The beautiful and inspirational love between Yonggu and Yeseung in "Miracle in Cell No. 7" is painful at times, but the great acting abilities of the actors in the movie seem to only add to the inspiration.
The actors who played the role of the father and daughter had brilliant, natural acting skills, to an extent it made me thought that they were actually fathers and daughters in real life. Also, I would like to say that the funny and wonderful acting of all supporting actors were also the force that made this movie shine all the more.

A cultural space in Seoul

Do you know "*Munhwacheoldo* 959"?
Munhwacheoldo 959 is a cultural complex space located inside the Sindorim subway station. The number '959' stands for *Guro-gu* and the space is a place of rest and activity that can be freely used by regional residents and artists. Here, there is also a kids' café for children, so it is good for families to utilize it together.
This space is separated into a creative arts lab for artists and a culture classroom. The creative arts lab is a work space for artists, while the culture classroom is a multi-purpose room where artists teach art classes and residents can take part in community activities. The hours of operation are 10 a.m. to 8 p.m. on the weekdays and 10 a.m. to 6 p.m. on Saturdays.

Lesson 9 Problem and solution

<1> Using the lost-and-found

Lesson Objective: To understand how to use the lost-and-found

Vocabulary

줍다 to pick up
큰일 big trouble
역무실 station office
당황하다 to panic
메트로 metro
포털사이트 portal site

I. Let's Prepare

가: 네, 지하철 유실물 센터입니다. 무엇을 도와 드릴까요?

나: 제가 승강장 의자 위에서 휴대 전화를 주웠는데 어떻게 하지요? 지하철 유실물 센터에 직접 가지고 가야 되나요?

가: 역 승강장에서 주우신 거죠? 그럼 그 지하철역 역무실로 가지고 가시면 됩니다. 내일까지는 역무실에 두었다가 주인이 찾아가지 않으면 그 다음 날 지하철 유실물 센터로 보내집니다.

나: 아, 그렇군요. 알겠습니다. 그렇게 하겠습니다.

A: Yes, this is the Subway Lost-and-Found Center. How can I help you?

B: I picked up a cell phone on a chair on the subway platform. What should I do? Do I need to take this to the Lost-and-Found Center myself?

A: You picked it up on the subway platform, right? You just need to turn it in to the Station Office. They'll keep it at the Station Office until tomorrow and if the owner doesn't come pick it up, then it will be sent to the Subway Lost-and-Found Center the next day.

B: Ah, I see. Alright. I will do so.

II. Let's Read

When you use public transportation, there are times when you leave your belongings in the subway or bus when getting off, or even leaving your belongings on a subway platform chair when getting on the subway...don't you all have experienced such situation at least once or twice? I once left some important papers on the taxi and it almost got me in trouble. Today, we will find out how and where we can go to find lost items when we lose them while using the subway.

If you realize that you've left something behind the moment you get off of the subway, check the time you got off and the location and immediately go to the Station Office to report it. The Station Office will confirm where the subway is and find your belonging for you.

But normally, most people realize that they've lost something after a while they get off the subway, which they panic then. Lost items in the subway are sent to the Station Office directly. However, the Station Office usually keeps the lost items until the next day only. Afterwards, it differs according to subway lines, where lost items for subway lines 1 to 8 are sent to the police Lost-and-Found Center. Lost items for line 9 is sent to the 'Metro 9' Lost-and-Found Center and will be sent to the police Lost-and-Found Center seven days later. Therefore, you should remember clearly on which subway line you've lost your belongings.

Before visiting the police Lost-and-Found Center in person, it is also good idea to check the Center portal site beforehand. It's easier for you to find your lost items if you could remember the date when you've lost it. There's information on the location in which the lost item was picked up and pictures are also provided, too, so you can accurately check to see if it's really your lost belonging. Once you confirm that it is your lost belonging, you can either visit the Lost-and-Found Center or the Police station directly to pick it up, or contact the Lost-and-Found Center through the website or by phone to have it delivered by courier service.

I hope you remember the fact that for personal belongings left on buses or taxis will also be sent to the police Lost-and-Found Center after 7 days. But while it is important to be familiar with the methods on finding your lost items, above all, the habit of double-checking your belongings when you ride on and off should be more important, right?

<2> Using the repair center

Lesson Objective: To understand content related to a problematic situation and using a repair center

Vocabulary

타이어 **tire**	펑크 **puncture**
끌다 **to tow**	배터리 **battery**
드라이어 **hair dryer**	말리다 **to dry**
기계 **machine**	수리하다 **to repair**
여쭈다 **to inquire**	케이블 **cable**
연결되다 **to be connected**	전원 **power**
깜빡거리다 **to blink (on and off)**	

II. Let's Listen

1.

존: 어, 잠깐만요. 조금 전부터 제 자전거가 좀 이상해요. 잠깐 세울게요.

흐엉: 네, 그래요. 존 씨 자전거 타이어에 펑크가 난 거 아니에요?

존: 네, 여기 앞 바퀴에 펑크가 났어요. 자전거 수리점에 빨리 가야겠어요.

흐엉: 그럴 땐 자전거를 끌고 가야 해요. 전에 저도 그런 적이 있었는데 펑크 난 자전거를 타고 가다가 큰일 날 뻔 했었어요.

존: 여기서부터 수리점까지 걸어가려면 오래 걸릴 것 같은데 흐엉 씨 먼저 가세요.

흐엉: 괜찮아요. 운동하러 나왔으니까 걸어가는 것도 좋아요. 지하철역이 가까우니까 자전거를 끌고 가서 지하철을 타면 금방 갈 수 있을 거예요. 자, 어서 가요.

John: Uh, wait. My bicycle has been a little weird since a while ago. I'll stop for a moment.

Huang: Yes, sure. (A while later) Ah, John, I think your bicycle has a flat tire?

John: Yes, the front tire here is punctured. I should quickly go to the bike repair shop.

Huang: You have to drag your bicycle to the shop at situations like this. I had a similar experience before and riding my bicycle with a flat tire nearly got me into big trouble back then.

John: I think it'll take a long time walking to the repair shop from here so go ahead, Huang.

Huang: It's okay. I came here to do exercise so walking is good, too. Since the subway station is nearby, just walk the bike over and take the subway and you'll arrive in no time. Now, let's go.

2.

가: 102번 고객님, 어서 오십시오. 무슨 문제로 오셨습니까?

나: 휴대 전화를 물에 떨어뜨렸어요.

가: 네, 좀 보여 주시겠습니까? 배터리를 바꿔야겠는데요. 그런데 물에 떨어뜨렸는데 물은 없네요.

나: 제가 드라이어로 말렸어요.

가: 드라이어로요? 그런데 그렇게 하면 기계에 문제가 생길 수 있습니다. 그냥 말리고 바로 수리 센터에 가져오시는 게 좋습니다. 전원은 켜 보셨나요?

나: 켜 봤는데 안 돼요.

가: 수리하려면 시간이 좀 걸릴 수도 있겠습니다. 이틀 정도 걸릴 것 같은데 수리가 끝나면 연락 드리겠습니다.

나: 네, 알겠습니다.

A: (*dingdong*) Number 102. Welcome. What seems to be the problem?

B: I dropped my cell phone into the water.

A: Right, can you show me please? (A while later) You'll need to replace the batteries. You dropped it in the water but there's no water inside.

B: I dried it with a hair dryer.

A: With a hair dryer? But by doing so, it can cause problems to the machine. Let it air dry and take it to the repair center directly would be better. Have you tried turning on the power?

B: I tried, but it wouldn't turn on.

A: It might take some time to repair. I think it'll take about two days, I'll contact you once the repair is done.

B: Yes, I got it.

3-5.

가: 여보세요, 전자 서비스센터입니다. 무엇을 도와 드릴까요?

나: 갑자기 텔레비전 화면이 안 나와서요. 어제까지 잘 나왔는데요.

가: 고객님, 많이 불편하시겠습니다. 그럼 몇 가지 여쭤 보겠습니다. 혹시 케이블 선이 연결돼 있나요?

나: 네, 연결돼 있어요.

가: 그럼 이제 텔레비전을 켜 보시겠습니까? 초록색 불이 들어오나요?

나: 네, 초록색 불은 깜빡거리는데 화면에는 아무 것도 안 나와요.

가: 리모컨으로 소리를 높이거나 낮춰 보세요.

나: 소리가 작게 들리는데 커지거나 작아지지 않는데요.

가: 고객님 말씀을 들어 보니까 수리 기사가 댁으로 방문해서 수리를 해야 할 것 같습니다. 방문 날짜와 시간을 예약해 드리겠습니다. 원하시는 시간을 말씀해 주세요.

A: Hello, Electronics Service Center. How can I help you?

B: The TV screen doesn't come out all of a sudden. It was working perfectly fine until yesterday.

A: That must have been very inconvenient, sir. Let me ask you a few questions. Is the cable wire connected?

B: Yes, it's connected.

A: Would you try and turn on the TV now? Is the green light on?

B: Yes, the green light flashes on and off, but nothing comes out on the screen.

A: Use the remote control to lower or higher the volume.

B: The volume is very low but it doesn't get louder or softer.

A: After hearing what you have told me, I believe in cases like this a repairman has to visit your home to fix the problem. I'll set up an appointment for you with the date and time of your preference. Please let me know what time is best for you.

Lesson 10 Mistakes and apologies

<1> Mistake

Lesson Objective: To understand mistakes that can be made in various situations

Vocabulary

키친타월 kitchen towel　블루베리 blueberry
브로콜리 broccoli　이해력 comprehension
화를 내다 to get angry
부끄럽다 to be embarrassed
설문 questionnaire　조사 survey
태도 attitude　적성 aptitude

I. Let's Prepare

Do you like jjolmyeon? Apparently, this popular menu item was created accidentally. At a naengmyeon noodle factory in Incheon, an employee happened to make the naengmyeon noodles thicker by mistake. The factory employees couldn't sell the noodles, so they decided to eat it for lunch. They took the noodles to a nearby restaurant and asked them make it into a spicy marinated noodle. When they ate it, they found that it was

very delicious. The restaurant owner who made them the spicy marinated noodle also took a bite, and thought it was very delicious so it was said that since then, the owner has been selling spicy marinated noodles using thick noodles. This went on to become jjolmyeon.
Even the 'thinly' sliced pork belly-samgyeopsal that we eat a lot was apparently created by mistake. A chef mistakenly ordered a ham slicing machine instead of a samgyeopsal slicing machine. Therefore, the samgyeopsal is sliced too thin, but because the thinly sliced samgyeopsal was so delicious, it went on to become a very popular menu.

II. Let's Listen

1.

가: 나 얼마 전에 아버지 생신에 아버지께 10만 원을 보낸다는 것이 100만 원을 보냈어.

나: 그래서? 사실을 말씀드렸어?

가: 너무 기뻐하셔서 말을 못했어. 그냥 축하 인사만 드리고 말았어. 이제부터 몇 달 동안 아끼면서 살아야지.

나: 그랬구나. 나는 반대로 얼마 전에 친구 아기 돌잔치에 10만 원을 보낸다는 것이 10원을 보낸 거야. 나중에 그걸 알고 친구에게 전화해서 사과하고 다시 돈을 보냈지.

A: Not long ago, I sent 1,000,000 won instead of 100,000 for my father's birthday.

B: So what happened? Did you tell him the truth?

A: He was so happy that I couldn't say anything. I just wished him a happy birthday. I'll just have to be more frugal for the next few months.

B: I see. The opposite is true for me. A while back, my friend's daughter had her first birthday celebration. I was planning to send 100,000 won but sent 10 won instead. After realizing later, I called my friend to apologize and resent the money.

2.

존: 하늘 씨, 저는 한국말을 배운 지 6개월이나 됐는데 아직도 실수를 많이 해서 고민이에요. 지난번에 하늘 씨 집에서 나올 때 하늘 씨 어머니께 '안녕히 계세요.'라고 한다는 것이 '안녕히 가세요.'라고 했잖아요.

하늘: 괜찮아요, 존 씨. 한국 사람도 실수를 많이 해요. 저는 얼마 전에 택시에서 내리면서 "감사합니다." 한다는 것이 "다녀오세요." 라고 했어요. 제가 내린 다음에 아마 택시 기사분이 많이 웃었을 거예요.

존: 저는 특히 단어를 말할 때 실수를 가끔 해요. 요즘도 '고향'을 '공항'이라고 말할 때가 있어요.

하늘: 저는 키친타월을 '치킨 타월'이라고 말해요. 저희 어머니는 '블루베리'를 '브로콜리'라고 자주 하시고요. 한국 사람도 이렇게 실수를 많이 하니까 존 씨도 걱정하지 말고 말하세요.

John: Haneul, I'm worried that I still make mistakes, even though I've been learning Korean for the past six months. Last time, when I was leaving your house, I was trying to say goodbye to your mother by saying "안녕히 계세요." but said "안녕히 가세요." instead.

Haneul: It's fine, John. Even Korean people make mistakes. A while back, I was getting off the cab and I was planning on saying "감사합니다" but instead said "다녀오세요." I'm sure the cab driver was laughing to himself after I left.

John: I sometimes make mistakes particularly with the words I use. Even nowadays, I still say "공항"(airport) instead of "고향"(hometown).

Hanuel: Instead of saying "kitchen towel" I often say "chicken towel." My mother always confuses "blueberry" with "broccoli." Even Korean people frequently make mistakes, so don't worry about the mistakes you make, John, and just speak.

3-6.

디제이: 2시의 FM 라디오 가족 여러분 안녕하세요? 오늘은 여러분이 또 어떤 이야기를 게시판에 올려주셨는지 여러분의 이야기를 들어보는 시간입니다. 실수의 여왕이라는 닉네임을 가지신 분이 올려주신 글입니다.

안녕하세요? 저는 회사에 들어가서 일을 시작한 지 얼마 안 된 신입 사원입니다. 학교에 다닐 때는 제가 똑똑하고 이해력도 좋다고 생각했는데요, 회사에 들어가서 얼마나 실수를 많이 하는지 모르겠어요. 복사기 사용 방법이나 서류 작업할 때 사용하는 컴퓨터 프로그램은 회사 선배들한테 배워서 점점 익숙해지고는 있는데요. 작은 실수를 너무 자주 해요. 어제는 부장님께 전화가 왔는데, 부장님이 안 계셔서 제가 전화를 받았거든요. 그래서 "제가 전해 드리겠습니다." 하고는 전화 건 사람의 이름과 연락처를 받아 놓지 않은 거예요. 또 이메일 주소를 잘못 써서 다른 사람한테 보내는 일도 있고요. 회사 동료들이 화를 내는 건 아닌데, 너무 미안하고 부끄러워요. 계속 이렇게 하면 회사에서 쫓겨날 것 같아요. 저는 어떻게 하면 좋을까요? 이런 글을 올려주셨습니다.

2시의 FM 라디오 가족 여러분은 어떻게 생각하세요? 직장 다닌 지 오래 되신 분도 많이 계실 텐데요 우리 모두 이런 경험이 있을 것 같은데요. 누구나 다 처음이 있는 거잖아요. 지난번에 우리 방송국에서 직장인 500명에게 설문조사를 했는데요, 회사에서 윗사람이 신입 사원에게 바라는 것 1위가 '배우려는 태도'였다고 해요. 그 다음이 '다른 사람들과 서로 돕고 잘 지내는 태도'였고요. 그 다음에 '열심히 하려고 하는 태도, 밝은 표정과 태도'였어요. 그러니까 회사 선배들은 그런 실수를 이해할 거예요. 중요한 건 배우려는 마음, 열심히 노력하는 모습이지요. 실수의 여왕님, 실수를 부끄러워하지 마세요. 이제 닉네임도 바꾸시고요, 이제부터 더 열심히 배우면 된다, 나는 할 수 있다, 이런 태도로 회사 생활 잘 하시기 바랍니다.

DJ: Hello, listeners of FM radio at 2 p.m. Why don't we take a look at the stories you've uploaded on to our bulletin board? It's time for us to hear your stories. This is a story from someone with the nickname, "Queen of Mistakes."

"Hello. I am a new employee who just started working at a new company. When I was a student, I thought that I was quite smart and that my comprehension was very good. But after starting work, I have no idea just how many mistakes I've made. I'm starting to get used to using the photocopier or computer programs that are required for creating documents as I've learnt them from my company seniors, but I make small mistakes too often. Yesterday, a call came for my boss and I picked up for him because he wasn't in. I said to the caller, "I'll let him know you called" but didn't take the caller's name or telephone number. Also, there are times when I send emails to the wrong recipient as I've mistakenly written the wrong address. My colleagues at work don't get mad at me, but I feel so sorry and embarrassed. I feel like I'm going to get fired from the company if I keep this up. What should I do?" is what she wrote on our bulletin board.

Listeners of the FM radio at 2 p.m., what do you think? I'm sure there are a lot of people who've been working for a long time, and I feel like we have all been through such experiences. There's a first time for everything. Last time, our broadcasting station polled 500 company employees and the number 1 quality that company heads wanted from new employees was a willingness to learn. The second quality they wanted was an ability to help and work well with others. Third was a hard-working attitude and a bright expression and demeanor. For that reason, I'm sure that company seniors will understand your mistakes. What's important is having the heart to learn and to show that you're trying hard. Queen of Mistakes, don't be embarrassed about your mistakes. And you should change your nickname, too. Starting now, just tell yourself, "I just need to work hard and learn," "I can do it." I hope you'll have success in your workplace with this kind of attitude.

<2> How to apologize

Lesson Objective: To understand the many ways to make an apology

Vocabulary

사과하다 to apologize　상대방 the other party
인정하다 to acknowledge　진심 sincerity
오해하다 to misunderstand
모자라다 to be not enough

I. Let's Prepare

가: 우리가 사과를 할 때 어떤 점이 중요할까요? 많은 사람들이 "죄송하지만", "미안해요"와 같이 그냥 사과하지 않고 뒤에 다른 말을 붙이거나, "다른 방법이 없었습니다.", "그 때는 어쩔 수 없었어."처럼 자신이 잘못한 이유를 설명해요. 또 "기분 나빴다면 미안해."같이 조건이 붙은 사과를 하기도 해요. 하지만 이런 말을 들으면 사과하는 사람의 진심을 느낄 수 없거든요. 사과는 진심을 담은 "죄송합니다, 미안합니다." 만으로 충분합니다. 설명이나 조건을 말하지 않고 사과하기! 사과할 때 꼭 기억하세요.

지금까지 예절 지키는 사회 만들기 캠페인이었습니다.

A: What's important when making an apology? Many people begin by saying phrases like, "I'm sorry, but" or "I apologize, but", always adding extra words to their apology instead of simply apologizing. They say, "There was no other way," "I had no other choice," and try to explain the reason for their wrongdoing. Or they give a conditional apology, saying, "If you were offended, I'm sorry." But upon hearing these words, we can't feel the sincerity of the person apologizing. A sincere "I'm sorry. I apologize," will suffice. Always remember to apologize without explanations or conditions!

This has been the Social Etiquette Campaign.

II. Let's Read

As soon as the new book 'Good apologies for maintaining good interpersonal relationships' has been released, it has been gaining huge popularity since then. In this book, the author says that we should, if possible, apologize as soon as possible. It is because the later we apologize, the more the other party might feel like they themselves or any particular issues involved is not importantly viewed by us.
The author also says that it's better to apologize in person if the other party isn't far away. It is not that the other party hates us, but more like they are just angry at our actions or something that we have done. Under situations where it is difficult to meet face to face, we can apologize over the phone or by email, but it is important to apologize as soon as possible under any circumstances.
When apologizing, we must first explicitly state "I'm sorry" or "I apologize" to show that we acknowledge the fact that we have done something wrong. If we don't clearly state "I'm sorry" or when we only explain on why we had no choice but to do so, the other party may misunderstand and think that our apology lacks sincerity.
When explaining why we did something wrong, we must begin the sentence with "I." With this, it gives a feeling that we are fully aware of our mistakes. Also, we must refrain from using the word, "But." It's because when saying "I'm sorry, but...", it gives a feeling as if we don't acknowledge our fault and think that it's someone else's fault. Under any situation where you apologize, your

tone or facial expressions should not be too stiff, nor conversely, too easygoing.
After sincerely apologizing, we must listen carefully to other person's words. It's not good to keep talking just because you think your apology isn't enough. Lastly, it's meaningless in apologizing if we don't correct our wrong behaviors. That's why we must say that this will never happen again or promise ways in which we can change our mistakes.
The more we live in a busy society like it is these days, the more we should think about the people around us. I must think for a moment whether I have hurt his feelings or not, or how I can make him happier. Our society will become warmer if you and I do the same.

Review (Lessons 9-10)

Vocabulary

기록하다 **to record** 귀중품 **valuables**
재산 **property**

I. Read the following passage and answer the questions.

It is reported that people frequently lose their personal belongings in spring among the four seasons, on Fridays among the days of the week, and on subway line 2 among all the other subway lines.
Every year, there are more and more lost articles and last year for the first time, the number of lost items reached 130,000. According to the "Report on Seoul Subway Lost Items", announced by Seoul City on the 24th previously, the number of lost items that were turned in last year was 112,478, which is the highest number since they began to be turned it. This is 11.2% higher than the previous year.
Across all categories of lost items, bags were found to be turned in the most, with a total of 25,955.
Up until two years ago, electronics such as cell phones and laptops were ranked number 1 among lost items turned in for two years straight, but last year, they fell to second place with 25,786. There were also a lot of lost clothing (9,158), wallets and cash (5,562), documents and books (4,043), and accessories and watches that were turned in.
Cases of lost items by subway lines showed that line 2 ranked first with 22,959. 1 out of all 4 lost items were found and turned in on line 2. Many lost items were also turned in from line 4 (17,186), line 3 (16,874), line 7 (16,670), and line 5 (16,564).
On a monthly basis, May to July recorded over 10,000 lost items, topping the monthly list.
Especially, May showed the highest number of lost items. This is because when the seasons change or when people have frequent outings, most of the time they tend to carry their personal belongings in their hands and then leave them behind. Among weekdays, Fridays (16.2%) and Mondays 15.3% had the highest number of lost items turned in.
The percentage of lost items that were returned to their owners last year recorded 82.3%. Owners were more inclined to come back to look for their lost belongings in the case that they were expensive, such as electronics (94.8%) and accessories and watches (83.2%). Conversely, they only came back to pick up lost documents and books 52.8% of the time. Four years ago, the rate at which owners came back to pick up their lost belongings was 76.5% but every year, this percentage has increased, recording 82.3% last year.
If six months pass without owners picking up their lost items, cash and valuables become national property and the rest are donated to help those in need. Last year, 16,057 clothes, shoes, umbrellas, and bags were given to those in need.

이해영 기자 leehy@ysilbo.co.kr
Reporter Haeyoung Lee llhy@ysilbo.co.kr

Phone number that is helpful to remember

Have you grown accustomed to life in Korea? Still, when there are things you don't know, you get taken aback. What do you do when you don't know how to get to the place where you want to go, or when you lose something? I'm sure there are many times when you find it difficult not being able to communicate. Now there's no need to worry. We introduce the "Dasan Call Center Service." The Dasan Call Center will solve all of your worries. Not only are you able to receive the services you need when you call '120', you can receive information in your native language, including English, Japanese, Chinese, Vietnamese, and Mongolian. Always remember '120'!